目録学に親しむ

漢籍を知る手引き

京大人文研漢籍セミナー6

古勝隆一
宇佐美文理 著
永田知之

研文出版

はじめに

京都大学人文科学研究所が開催する東京漢籍セミナーも、今回で十一回目となりました。これまで、中国の書物に関するさまざまなテーマを取り上げてまいりましたが、今回の講演会では、漢籍（中国古典籍）を理解する上で欠かせない、目録学のお話をいたしました。

ただこの目録学、一般には余りなじみのない分野であるかも知れません。十年以上にわたり、我々はこの漢籍セミナーを通じ、漢籍に対する聴衆の方々の熱い関心を感じてきました。しかしながら、目録学というかなり専門性の高い分野を、一般の聴衆の方々にお話するのは適切なのか。そして、我々が分かりやすくそれを伝えることは、本当にできるのか。事前には、そのような意見が同僚の間からも出ました。

しかしながら、そういった心配は杞憂に過ぎなかったようです。いつものように、午前午後を通じた長時間にわたる講演会であるにもかかわらず、聴衆の方々はいつもと同様、いやいつも以上に熱心に耳を傾けてくださいました。我々にとっては、たいへんにありがたいことでした。

目録学は、漢籍を分類してその全体像を見通す、中国文献学の柱です。目録学については、倉石武四郎氏『目録学』（汲古書院、一九七九年）や井波陵一氏『知の座標』（白帝社、二〇〇三年）など、優れた概説がすでに出版されています。しかしながら、何といっても専門性の高い内容ですから、漢籍に関心を持ちつつも、目録学に親しみ、目録学を楽しむきっかけがなかなか見つからない、という方もいらっしゃるようです。そういう意味において、この回の漢籍セミナーでは、漢籍目録を読む楽しみをお伝えしたいと思い企画した次第です。

そのセミナーを踏まえて文章としてまとめ、皆さまに読んだいただくため、本書を刊行いたします。京都大学に勤務する三人の研究者が、目録学に関するテーマをそれぞれ掲げ、お話しした内容の記録が主となっています。また、巻末には、附録として「漢籍目録の参考文献」をつけました。本書が、皆さまを漢籍目録学の世界へといざなう一冊となることを祈っております。

古勝隆一

目次

目録学

——俯瞰の楽しみ——

古勝隆一

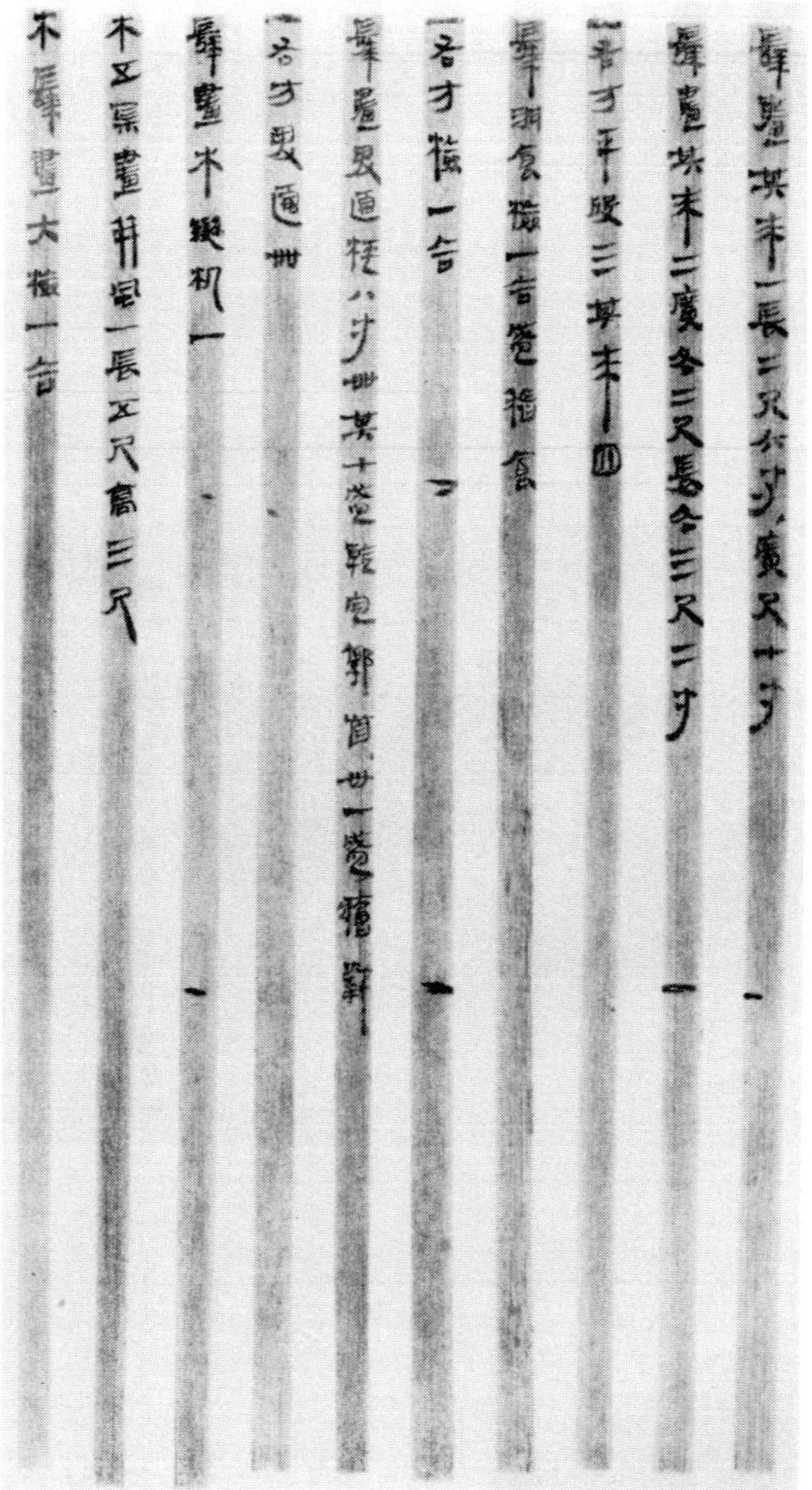

竹簡に書かれた目録（馬王堆漢墓出土）

はじめに

中国の伝統文化の特徴の一つとして、書物の重視、古典の尊重が挙げられるものと思う。たとえば、「礼」という言葉を聞いた時に思い浮かべるものが、多くの日本人の場合、相手を敬う気持ちや行為であったり、日常の礼儀作法であったりするのに対し、漢民族の場合には―少なくとも学のある人の場合―三礼《さんらい》（『周礼《しゅらい》』『儀礼《ぎらい》』『礼記《らいき》』の総称）と呼ばれる儒教経典と結びつけて礼を考える人が少なくない。それはほんの一例だが、中国文化にふれるにつけて思うのは、書物や古典を重んずる態度が非常に強いことである。

伝統的な中国において、特に経書、すなわち儒教経典に対する敬意は殊に深い。中国目録学の金字塔、『四庫全書総目提要』（経部総序）には次のように言う。

経書は聖人の裁定を経たものであり、万世にわたる規範を示すもの。太陽が天に南中するようなもので、（偉大すぎて）褒めたたえたりする対象ではない。議論すべきは、経書の注釈の説についてのみである。

また我が国の代表的な中国学者である吉川幸次郎（一九〇四―一九八〇）は、中国の古典とは儒家経典にほかならないことを次のように言う。

支那においては生活の規範となるべき書物がちゃんと一定しているのであります。それは何かと申しますと、「経」と呼ばれる書物であります。その「経」は五つあります。それで「五経」と申します。(1)

これほど尊ばれた儒教経典を含む、そういった中国の古い文献を読んで研究しようとする場合、「目録学」という基礎的な学問を知ることが必須だと言われる。『広辞苑』は「目録学」を次のように説明する。

中国で、書目に関する学問をいい、書籍の類別・部類・版刻などを研究する。前漢の劉《りゅう》向《きょう》に始まる。（『広辞苑』第5版）

『広辞苑』が「中国で」という限定をつけているように、この学問は、中国において成立し発達したものであり、どうやら他の文化圏においてはそれほどの発達をみせなかったらしい。

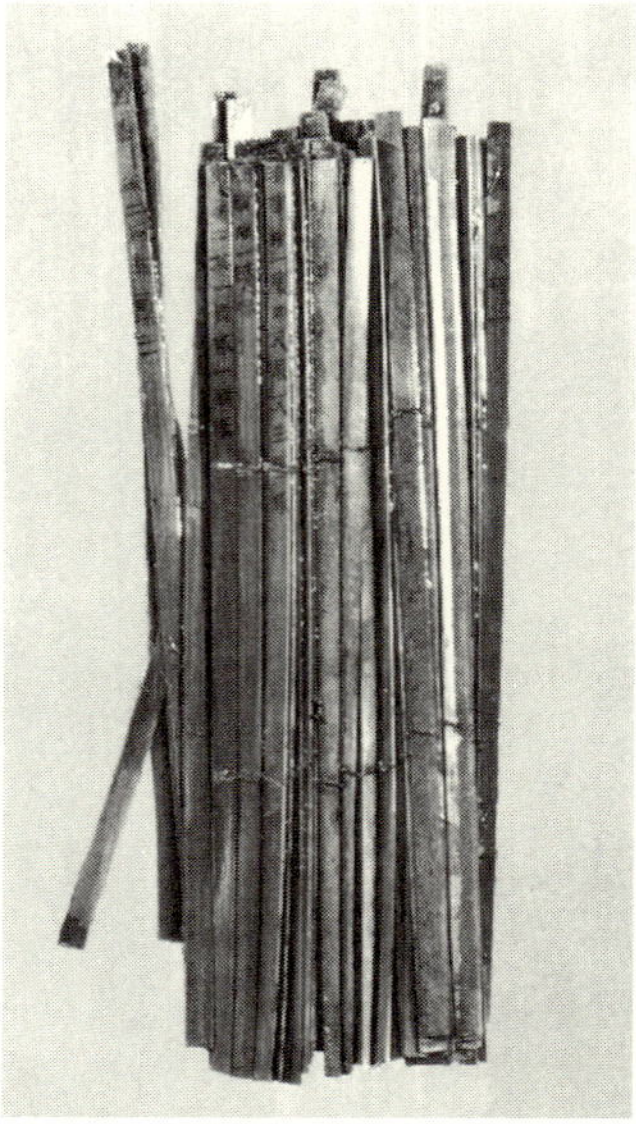

前漢時代の墓から出た竹簡の束
（馬王堆漢墓）

もちろん、他の文化圏においても、書物文化が大いに発達した事実があり、図書の目録が存在しなかったというわけではまったくないが、はっきりと独立した学問とはならなかった。図書の目録というものが、中国においてはなぜ一つの学問として成立しえたのだろうか。やや大げさに言えば、目録学が存在し、重んじられていること自体が、中国文化にある種の特色を与えていると思うのである。

この目録学の祖は、『広辞苑』にも書かれていたように、前漢の劉向であるとされる。もう少し詳しく説明すると、前漢末のころ、当時の皇室の蔵書を体系的に整理する一大事業が進められ、それを主導した劉向（前七七―前六。一説に前七九―前八）・劉歆《りゅうきん》（前三二?―後二三）父子こそが目録学を創始したというのが、研究者の一般的な理解である。なお、この劉向・劉歆という親子は、漢の皇帝の親族であって、高祖劉邦の弟、楚の元王（劉交）の子孫に当たるから、彼らの伝記は『漢書』楚元王伝（巻三十六）に付されていて、校書の記事もそこに見える。

さてこの校書事業の成果として、劉向は『別録』という目録を、その子の劉歆は『七略』と言われる目録をそれぞれ書いたが、この二つの目録は、残念ながら完全な形では伝えられていない。[2] しかしながら、班固『漢書』の一部である「藝文志」が、『七略』の内容をほぼそのまま踏襲したものであることが知られており、我々はこの『漢書』藝文志を手がかりに劉向・劉歆父子の目録を考察することができる。

しかしながら、劉向父子が「目録学の祖」であるとは、後世から歴史を振り返ってみるとそのように評価できる、という意味においてであり、彼ら自身が「目録学の祖」と自任していたわけではない。前漢末における彼らの書籍整理が、歴史上初めての規模を誇るものであったがゆえに、そのように位置付けられてきたのである。

その後、劉向父子の成果にならい、王朝の図書目録を作成する制度が受け継がれた。隋の王朝が収蔵した図書の目録は『隋書』経籍志として、宋の王朝の図書目録は『宋史』藝文志として、それぞれ伝えられているが、それらはまさに劉向以来の伝統に則るものである。またそのような国家の蔵書目録の他に、後世においては、たとえば宋の晁《ちょう》公武『郡斎読書志』のようなより小規模な蔵書目録も作られるようになり、書目というものの地位が大いに高まっていった。

劉向父子以後の目録家たちは、劉向が作った編目の方法を遵守する一方、それぞれの時代時代にあわせて改良を加えた。たとえば分類の体系についても、『七略』の六部分類から、後世の四部分類へと大きく変わった。このように観察してゆくと、目録の読解を通じて、それぞれの時代の精神や学術を読み取ることができるのである。

そして劉向以来の目録編纂の実務とは別に、目録を読み解いて、そこから目録学の理論を立てるという研究手法を、宋代の鄭樵（一一〇四―一一六二）という人が確立した。むしろ、書籍と学術とを研究する学問としての目録学は、鄭樵以降に確立したと言ってもよいかもしれない。その後、清代の章学誠（一七三八―一八〇一）がさらに『校讐通義』を著して目録学理論を発展させ、民国時代の余嘉錫（一八八四―一九五六）などの学者がそれを引き継いだ。

章学誠像

目録学理論というとずいぶん大仰な感じがするが、鄭樵などの学者の説も、「漢籍目録をさまざまな角度から眺めてみる」というところから出発したものである。わたくしたちが漢籍を読もうとする際に役立てようと目録を利用する場合にも、この「目録を眺める」という態度はたいへんに有効である。本章では、目録の眺め方についてお話ししたい。

第一節　目録学の意義

目録学において、二つの面から目録を観察することができる。第一は書物を登録する帳簿としての側面、第二は学術の歴史を考察する学術史の面である。

劉向・劉歆をはじめ、漢代から唐代までの目録家たちの主たる業績は、目録を編纂することであった。これは当然と言えば当然のことである。劉向たちにしても、目の前に漢の皇室が長期にわたって蒐集してきた大量の蔵書が存在したからこそ、その蔵書を整理せねばならず、その必要から目録編纂が生まれたのであるから。目録の編纂という実務こそが、さまざまな理窟や手法を備えた目録学を出現させたのだ。ものの順序としては、目録学がはじめにあり、それに基づいて目録が書かれたわけではない。

しかし目録編纂の経験が蓄積されると、そこにおのずと学術の成立過程やその展開を見通す視点が生まれてきた。現在、『漢書』藝文志（漢志）には「大序」（藝文志に冠せられた序文）と「小序」（それぞれの分類につけられた解説文）とが加えられているが、これらは漢志が粉本にした、劉歆『七略』の「輯略」をかいつまんだものであるという。

この「大序」「小序」は、上古から漢代にいたる学術の歴史を説き、それが眼前にある個別の書物とどのように関係しているかをくまなく説明するものであり、中国の書物史を理解する上で最重要の史料となっている。漢志「大序」は、孔子の死を起点として、中国の書物史を次のように語り始める。

　孔子が死んで、その奥深い重要な言葉は聞かれなくなり、その後、孔子の道を伝えた門弟子の有力者たちも死んでしまうと、ここに標準がなくなってしまって、師によってはその教えるところが異なり、人間の践み行なうべき人倫大道にもいろいろのちがいが生じてきた。それがために、孔子の伝えた経書もその伝える

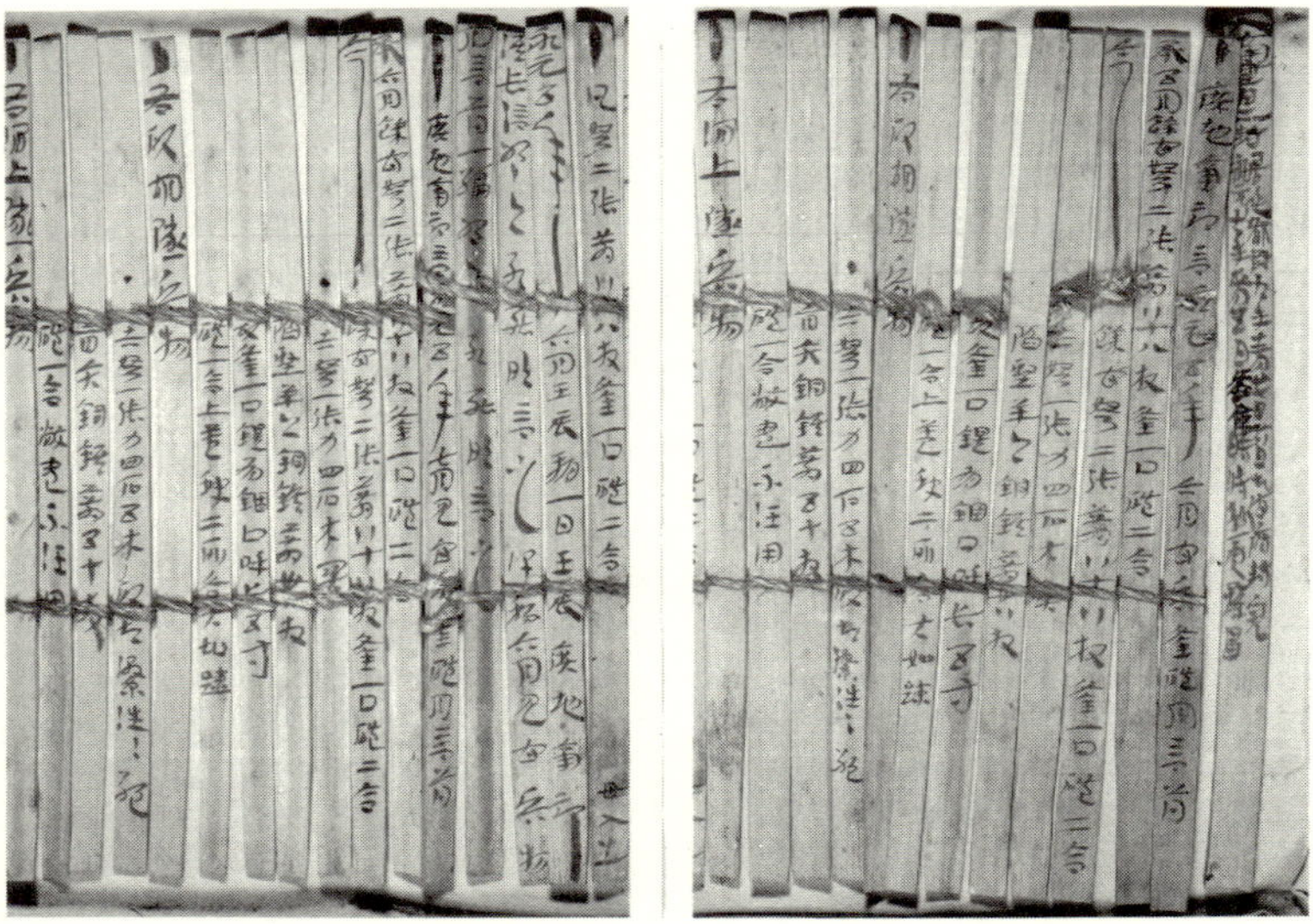

竹簡に書かれた一世紀末頃の帳簿（居延漢簡）

ところによってまたいろいろの系統に分かれた(3)。

このようにはじまる一文は、もとはといえば、劉歆『七略』の「輯略」という篇にあったものであったとされる。孔子以降の学術の分派から始まり、戦国時代の諸子百家の登場、秦の始皇帝による焚書を経て、漢における文化の隆盛へといたる、学術と書物の歴史が語られている。この一文ほど完備した、中国の古代学術の総括は、ほかの文献には見えない。それゆえ、劉向・劉歆こそが「目録学の祖」だと後世の目録学者が言うのは、理由のないことではない。内藤湖南（一八六六―一九三四）が、次のように、司馬遷と対置して二劉（劉向・劉歆）を高く評価するのは肯ける。

漢代までの支那の学問を総括して考へたものに、二通りの種類がある。一は司馬遷の史記で、一は二劉の学である。……当時の学としては、司馬遷の如く歴史の中心から総括したものと、二劉の如く各部分より総括したものと、この両方より見て全体の学問が分るのである。……この二書（『史記』と劉氏の目録）は、漢代の最大の学術的収穫で、これだけで支那の学術は尽きてゐると云つてもよい。その後、書籍も色々出来、分類法も色々変つたが、全体に於てこの二大学問の流れに過ぎぬ(4)。

このように、中国学術に対する劉向父子の貢献はまことに大きなものといえるが、しかし「目録学」というものを、目録を対象とする理論的な研究ととらえるならば、それが出現するのはおそらく、北宋から南宋にかけて生きた学者、鄭樵の登場を待たねばなるまい。倉石武四郎（一八九七―一九七五）は次のように指摘する。

南宋で注意すべきことは始めて目録学の理論が出たということである。即ち従来も二劉（劉向・劉歆）の如き目録学の精神を以って目録を作り、これが後世の目録に対する範を示したことになり、逐次その精神を伝えた目録もできたわけであるが、後世は次第にそれが忘れられて、目録は単に簿録に堕せんとする傾が多くなった。この状態に対して反省を促したものは即ち南宋の鄭樵の通志である。(5)

鄭樵は、朝廷の図書をつかさどる官僚などではなく、かなり自由な立場から歴代の目録を読み解いたため、しがらみなく図書と学術史とを論ずることができた。彼が『通志』校讐略において主張したことは、「文字に書かれたものを偏重するのを辞め、図を重視せよ」、「分類がありさえすれば、学術はおのずと明らかになる」、など、当時としては斬新なことであった。その詳細は次節において紹介する。

鄭樵の目録学を受けて、それを大いに発展させたのが、清代の章学誠である。「弁章学術、考鏡源流（学術を腑分けして明らかにし、源と流れとをよくよく考察する）」という態度こそ、目録学に求められると章学誠は言ったが、これは目録の奥にある、学術の動向を読み取ろうとする姿勢に他ならない。章学誠の登場により、中国学術史を論ずる学としての目録学の意義は大いに明らかになったと評してよかろう。こうして、「簿録」、すなわちただの帳簿とは一線を画する学術の一つとして、目録学が確立したのである。

章学誠のこのような考えは、実はその当時の学問を反映するものでもあった。そのようにいうわけは、「漢籍を読んで研究するためには、目録学が重要だ」という認識が学者の間に共有されたのが、ちょうど同じ時期、清朝の乾隆年間（一七三五—一七九六）のことだからだ。その頃の学者、王鳴盛（一七二〇—一七九七）の『十七史商榷』（巻一）に、有名な言葉がある。

目録の学は、学中第一の緊要事なり。必ず此れ従《よ》り途を問い、方《はじ》めて能く其の門を得て入る（目録の学というものは、あらゆる学問の中で第一に重要なことである。目録学を手がかりに道を尋ねてこそ、はじめて学問の門を見つけて足を踏み入れることができる）。

この王鳴盛の言葉は、目録学の論文や概説書にしばしば引用される、いささか恰好良すぎる文句であるが、これもよく時代の雰囲気を映し出すものであると言える。「恰好良すぎる」と私がいうのは、まるで格言のようで具体性に欠け、これを聞いただけではあまり実用的でないと思えるせいだが。

また同じ乾隆年間の後半期に、中国文献の一大集成として名高い『四庫全書』が編纂され、そこに収められた一々の書物に対して詳しい「解題」が書かれた[6]。その解題を集めた目録が『四庫全書総目提要』であるが、本書も同時期における目録学の高潮を示す恰好の例であると言えよう。先ほど述べた章学誠自身が『四庫全書』の編纂にたずさわることはなかったが、彼の親友である邵《しょう》晋涵（一七四三―一七九六）がこの事業に深く関与していることを見ても、乾隆年間後半期の時代精神が、この時期における目録学の高揚をもたらしたと言えよう。

このような目録学の高まりを背景として、清朝後半期の学者たちは、目録学が中国の伝統学術を研究する上で不可欠であるとの認識を共有するようになった。この傾向は、一九一一年に清朝が倒れてからも続き、民国時代には姚名達（一九〇五―一九四二）という目録学者が『目録学』（商務印書館、一九三三）、『中国目録学史』（商務印書館、一九三八）、『中国目録学年表』（商務印書館、一九四〇）という目録学の名著、三部作を発表し、また同じ頃、余嘉錫（一八八四―一九五六）が輔仁大学など、北京の大学において目録学の講義を行い、それが現在、『目録学発微』として出版され広く読まれている。

清朝後半期の目録学重視は、我が国の中国学にも伝えられた。その早い段階のものとして、島田重礼（一八三八―一八九八）の論文「目録の書と史学との関係」（『史学雑誌』第39号、一八九三年）を挙げることができる。後に内藤湖南、狩野直喜（一八六八―一九四七）といった京都大学の中国学者たちが、中国文献をとりあつかう上での基礎として、講義や講演などを通じ、目録学を理解すべきことを大いに日本の学界に広めて浸透させた。

なかでも、狩野直喜の目録学理解は、読書のための効率を重視していて実践的である。

典籍が浩瀚なる事なれば、之に臨みて何如に着手したらば、無駄骨を折らずに結果を収むべきか、これが第一に研究を要する問題なり。……第二は是等の典籍の内にて、何が最も信拠すべきか。……即ち或る典籍につきて信拠すべき程度を知ることなり。張之洞が学問をなすには書の真偽を知るが第一なりと云へる如く『輶軒語《ゆうけんご》』、支那の典籍中に困った事は、偽書が非常に多し。従ってこれを見わくること大切なり。(7)

さらに狩野氏はこう続ける。

浩瀚な典籍につき己の知らんとする事を求む、又其の典籍の価値を知るに尤も必要なるは、典籍の目録に通ずる事なり。支那は今申す如く、図書が浩瀚にして真偽混合する故、目録学は早く発達し、先ず典籍の分類若くは其の解題即ち或る書は何時の時代に某の人が作って某巻あり。其の内容はかくかくの事を書いたものとか、若くは某の作となりて居るけれども、此等の点より疑はしいといふ様な事を書いたものがある。又間には、単に書名のみを列記したる目録書もあれども、それだけにても大いに必要なり。……結局目録は吾人に或る書に対する種々の注意を与ふるものにて、縦令《たとへ》ば吾人は其の内容を読まずとも、其の書の大体に就いて智識を得ることが出来る。(8)

内藤湖南や狩野直喜の時代から、百年ほどの年月が経ち、社会も学問も、大いに様変わりした。現代日本社会における漢籍の意義も、以前と異なることは言うまでもない。しかしながら、我々が漢籍を読んで親しもうという時、この目録学がいろいろなヒントを与えてくれることには変わりがない。本章で、そのような目録の読み方に触れていただければ幸いである。

第二節　目録を眺める

「目録を眺める」と一言でいっても、いろいろな眺め方があろう。まず漢籍が載っている書目に限ってみても、さまざまな種類の目録がある。古書店の目録もあれば、図書館の目録もあるし、蔵書目録にしても、本章で過去の蔵書目録もあれば現蔵目録もある。その眺め方は千差万別、眺めたいように眺めればよいこと、言うまでもない。

そもそも、書目は必要あって編まれたものである場合が多く、むしろ実用的な書物であって、「利用する」「検索する」用途の方が一般的であろうし、眺めるという方がかえって通常の接し方とは異なるのかもしれない。しかしながら、あえて実用から一歩退き、その書目に何がどのように記録されているのかを観察し、そのわけを想像してみると、別の視野が開ける。たとえば、「なぜ同じ書物が二度も載っているのだろうか?」「似通った書物が別々の分類に載っているのはなぜだろうか?」「どのような蒐集方針で集められたのだろうか?」「なぜ特定の種類の書物がまったく載っていないのか?」等々、一冊の書目を見ることによって、無数の疑問が湧いてくる。実用から退くことによって、そのような見方が可能になるのである。

宋の鄭樵は、彼の主著である『通志』に「藝文略」という書目を収めた。

これは彼が所持していた書物の目録ではなく、また宋の国家の目録でもない。過去の様々な目録や、彼が現に読んだ書物に基づいて、彼が中国の学術史を見通すのに必要と考えたものを排列した目録である。全体は十二類に分けられており、それぞれ書名・巻数を示し、また必要に応じて撰者を注記している。

鄭樵はこの「藝文略」にどのような思いをこめたのだろうか。この目録を眺めるのもよいのだが、それでは彼の意図は十分に伝わらない。そこで同書の「校讐略」を参照しながら「藝文略」を見ると、この書目にこめられた彼の考えが分かる。以下、その主張の主なものを見てゆこう。

まず鄭樵は、書物全体を以下の十二の「類」に分けた。

(1) 経類　(2) 礼類　(3) 楽類　(4) 小学類　(5) 史類
(6) 諸子類　(7) 天文類　(8) 五行類　(9) 芸術類　(10) 医方類
(11) 類書類　(12) 文類

これは当時広まっていた「経史子集」の四部分類を基礎にしつつ、それでは不十分だという意識のもとに、さらに細かく分割したものである。さらにそれぞれの「類」の下には、「家」という下位分類を設け、例えば経類については、九家が立てられている。

(1) 易家　(2) 書家　(3) 詩家　(4) 春秋家　(5) 国語家
(6) 孝経家　(7) 論語家　(8) 爾雅家　(9) 経解家

その「家」の下にはさらに「種」という下位分類があり、経類の易家の場合はこうである。

(1)古易　(2)石経　(3)章句　(4)伝　(5)注　(6)集注
(7)義疏　(8)論説　(9)類例　(10)譜　(11)考正　(12)数
(13)図　(14)音　(15)讖緯　(16)擬易

一々の「類」に複数の「家」があり、一々の「家」にこのような「種」という枠組みが用意されているのである。まことに用意周到と言わざるを得ない。

鄭樵に言わせれば、『七略』の六分類も、四部分類も、いずれも不十分なものであって、『七略』の分かつ所、おのずから苟簡（いい加減で簡略）なり、四庫の部する所、無乃《むしろ》荒唐ならんか」（校讐略の語）、ということになる。学術の内容に従って徹底的な整理を加えた独自の分類体系こそが、鄭樵「藝文略」の誇るところであったのだろう。

このような独自の分類体系は、「類例が分けてあれば、学術はおのずと明らかになる（類例既に分かたるれば、学術はおのずと明らかなり）」（「校讐略」の語）という鄭樵の主張をもとにしている。学術の枠組みさえ明らかになれば、学術の内容も埋没しないのだという信念である。

物事はそれほど単純なものでないとしても、学術の枠組みというのはなかなか意味のあるものである。卑近な例として、近年我が国では、小学校低学年の児童に理科や社会科を教えず、生活科なるものを教えているそうだが、もし今後この生活科が大きくなって相対的に理科や社会科が小さくなれば、学校教育における理科や社会科という科目の意義を曖昧化させるのではないかという危惧はある。学術にとって枠組みというものが重要であることは、今も昔も変わらぬことであろう。昨今は大学でも「学際的研究」とか「ボーダーレス」などという時代のキーワードが聞かれるが、専門がしっかりしていなければ学際的も何も砂上の楼閣にすぎない。

鄭樵は書目の上での「類例」(書物の分類)をはっきりさせることによって、そういった書物を生み出してきた「学術」のあり方を記録しようとしたのである。たとえば、同じ経学に属してはいても、礼と楽とは、それぞれ実践・実習を伴うものであり、他の経学と同じでないと考えられたため、「礼類」「楽類」は、「経類」から分離され独立させられたのである。分けなければむしろ学問のあり方が不明瞭になってしまう、と鄭樵は考えたのであろう。

ただ鄭樵が示したような細かい分類が、先行の書目になかったわけではない。典型的な四部分類の目録、『隋書』経籍志は全体を経部、史部、子部、集部の四部に分かち、それぞれの部の下位分類として「類」を設けた。例えば隋志経部の場合、次の十類がある。

(1)易　(2)書　(3)詩　(4)礼　(5)楽　(6)春秋

(7) 孝経　(8) 論語　(9) 讖緯　(10) 小学

隋志の場合、それぞれの「類」に下位分類こそないが、しかしながら大まかにグループを分け、それぞれ時代順に排列する工夫を施している。鄭樵はおそらく、隋志の分類を眺めながら、その分類に大いなる意義を認めつつ、しかしそれではまだまだ不徹底であって、ぜひとも改善すべきだ、と考えたのではないかと思う。ただ、鄭樵はあまり先行目録から自分が継承した面を言わず、自身の新しさを強調しているに過ぎない。いずれにせよ鄭樵は、あれこれと目録を眺めながら、自分の分類体系を構築していったに違いない。

鄭樵は、どのような書物も、すべて何らかの「学術」から生み出されたものだ、と考えたので、このように書物のグループを細かく分けることにより、その母胎となっている学術を明らかにしようとした。

そう考える彼にとって、「同じ種類の書物はかならず同じ場所に置くべきだ（一類之書、当集在一処）」（「校讐略」）という主張を持つにいたったのは当然であった。つまり書目において同種の書物、すなわち同じ学術的背景から生み出された書物は一つの場所に集めておかねばならず、関係のないものが混じっていたり、あるいは関係があるのに別の分類に収まっていたりしては、学術的文脈が不明になる、という危惧である。鄭樵の場合、眼前にある書物ばかりを相手としているわけでなく、過去に存在していたがその後に失われたもの、さらに現在は存在するが未来には失われてしまうものがある可能性を考慮している。そのため、単に現存する書物を目録化することにあきたりず、書目によって学術を伝えるという発想が出てくるのである。

それ以外に面白い主張として、鄭樵は『七略』のうち、任宏《じんこう》が担当した兵書略が一番よく、劉向父子の整理した六藝・諸子・詩賦略は冗漫で不明瞭だ（『七略』惟兵家一略任宏所校、……観其類例、亦可知兵。……惟劉向父子所校経伝・諸子・詩賦、冗雑不明）」（「校讐略」）と言っている。後述するように、前漢末における書籍整理事業は、劉向を中心にして、劉歆や任宏・尹咸・李柱国などの分担によってなされたことが知られているが、一般には、劉向および劉歆の業績とされる。しかし鄭樵は『漢書』藝文志を見て、任宏こそが最もよい仕事をしたと考えた。

これは任宏の担当した「兵書略」に「図」と呼ばれる画像を記したものが含まれることに特に着目して生まれた意見であったが、劉向が偉大であるとする常識にとらわれず、自由に思考したからこそうまれた主張にちがいない。

さて、なぜ鄭樵は「図」を重視したのか？　ここでいう図というのは、文字でなく、イメージで形を描いたもの、たとえば、地図・概念図・図面などのことである。彼は、「図は縦糸、書は横糸。縦糸と横糸がまじわってアヤをなす（図、経也。書、緯也。一経一緯、相錯而成文）」（「図譜略」）と考えた。彼によれば、古代にはたくさんの図が存在して人の役に立っており、それが「兵書略」などに見える。しかし劉向などが過度に「書」、すなわち文字で書かれたテクストを重視し、図を軽視したので、このよき伝統が不明瞭になった。しかし「図」と「書」とは互いに補い合う存在であって、一方を欠かすことはできない。それゆえ、図の復権が必要なのだ。概ねそのように鄭樵は主張した。

中国の歴史上、このような主張は異彩を放つものであり、民国時代の目録学者姚名達は次のように鄭樵を評価した。

古代以来、図画表譜の意義を提唱し、意識が最もはっきりとしており、力を最も尽くしたものとして、もちろん鄭樵を越えるものはない。[9]

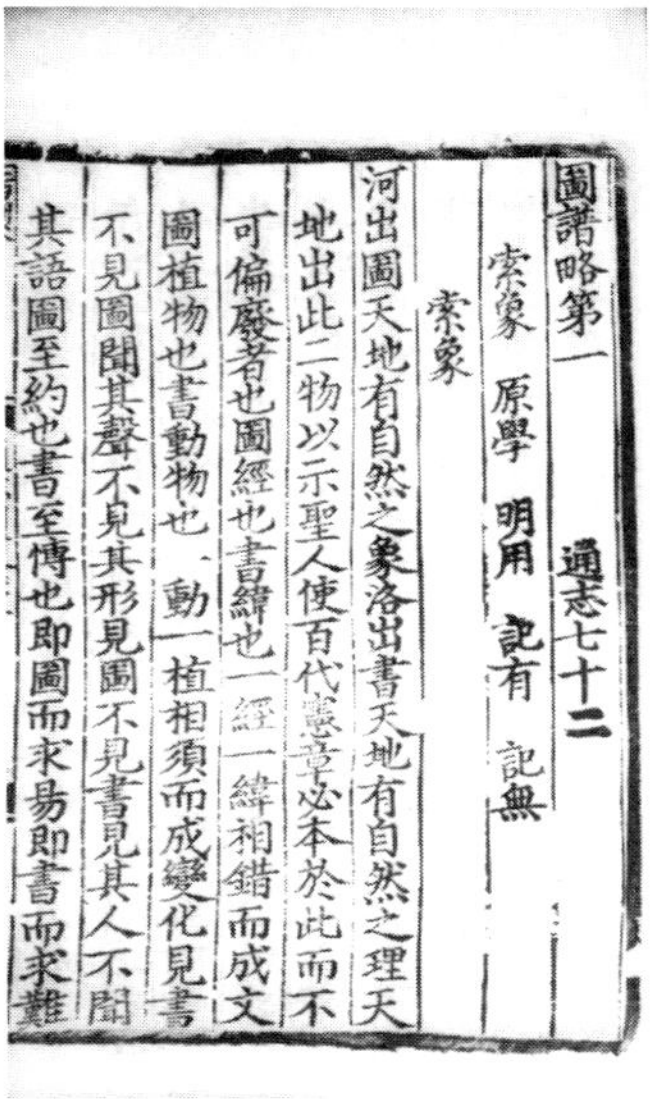
圖譜略第一　　通志七十二
索象　原學　明用　記有　記無
索象
河出圖天地有自然之象洛出書天地有自然之理天
地出此二物以示聖人使百代憲章必本於此而不
可偏廢者也圖經也書緯也一經一緯相錯而成文
圖植物也書動物也一動一植相須而成變化見書
不見圖聞其聲不見其形見圖不見書見其人不聞
其語圖至約也書至博也即圖而求易即書而求難

『通志』図譜略

確かにこの鄭樵の主張は、中国史のなかではまれで、斬新な主張である。近年、大陸において多数出土しているいわゆる「出土文献」には、文字ばかりでなく、図や医療用の人体模型など、多くのイメージが含まれている。後世の中国においてイメージがなくなってしまったわけではなく、地図などは古代

馬王堆帛書に見える図の例（胎産書）

よりもはるかに発達したが、しかし、図と書とが補い合うという点は強調されておらず、書目においても図の位置付けが曖昧となっている。「図」と「書」、二つを合わせてこその「図書」である。

ひるがえって今日の日本には、映像や写真・漫画など、まさに「図」があふれ、「書」、すなわち文字で書かれたものがかえって受け入れられにくくなっているように感じられる。「書」を過度に重視した伝統中国とは逆さの流れである。鄭樵が現代の様子を見て何というか分からないが、私は現状においては「書」に対する関心を高め、「縦糸と横糸がまじわってアヤをなす」のが理想なのではないかと考える。

ともかく、鄭樵は『漢書』藝文志を読みながら、そんなことまで考えた。彼は『爾雅』という古代の辞書を補訂した際、「図」を施す工夫を行ったとのことである。[10]

さてこのように鄭樵はさまざまな角度から歴代の書目を読み解き、自分の意見を「校讐略」「図譜略」に記したのであったが、ただ二つの「略」をあわせても分量は多くなく、議論も十分に深められたとは言えない。後にこの方法は、清朝の章学誠という学者に受け継がれた。章学誠は『校讐通義』という書物を執筆したのだが、その序文に次のように、鄭樵を評価している。

鄭樵は劉向・劉歆父子より千年の後に生まれ、志を奮って劉向・劉歆父子の討究、論議の趣旨を理会した。そこで……もっぱら分類と配列とによって各々の専門間の関係と学術の変遷を明らかにし、その得失の所以を考究することこそが校讐であるとしたのである。(11)

このように鄭樵の研究を踏まえ、章学誠は、「互著」「別裁」の法というものを『漢書』藝文志に見出した。

「互著」とは何かというと、書目の中に、同一の書物が重出している、つまり二度掲載されていることである。『漢書』藝文志には、注（これは班固の注であるが、もともとは『七略』の文章を

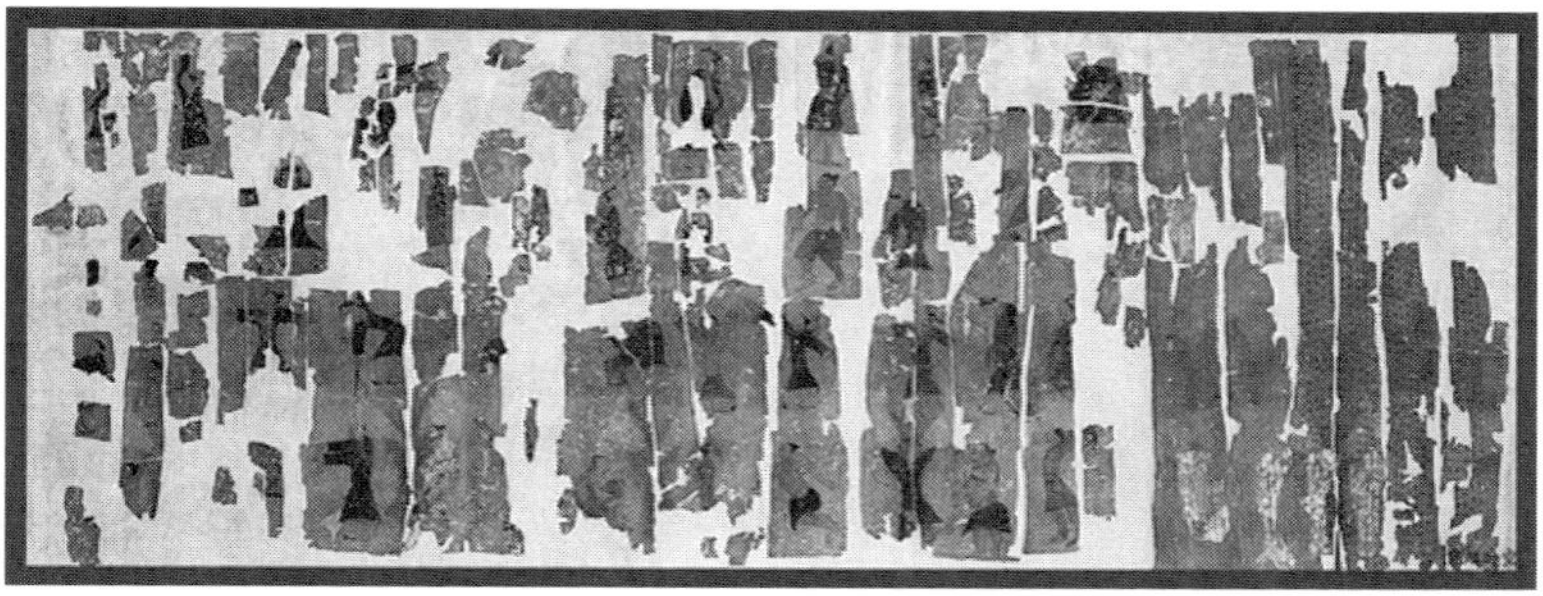

馬王堆帛書に見える図の例（導引図）

かいつまんだものであるとされる）を含め、『孫卿子（荀子）』など九種の書物が、重出している。[12]
たとえば『孫卿子』は、諸子略と兵書略の注にそれぞれ次のように見える。

『孫卿子』三十三篇（諸子略、儒家）。

右、兵権謀十三家、二百五十九篇（『伊尹』、『太公』、『管子』、『孫卿子』、『鶡冠子』、『蘇子』、『蒯通』、『陸賈』、『淮南王』二百五十九篇重（「篇重」はもと「種」に作る）を省く。……」）。
（兵書略、兵権謀家の末尾部分）

亀甲括弧（〔 〕）のなかに示したのは、『漢書』藝文志の注だが、兵書略の注記のなかに、『孫卿子』を「省く」と書かれており、これはもともと劉歆『七略』兵書略には著録されていたが、『漢書』藝文志を班固が編輯した時に省いたものと解されている。つまり、『七略』には『孫卿子』が二度著録されていた、ということになるわけだが、この事実をどう理解するか。章学誠は、『孫卿子』という書物が、諸子としての儒家の背景と、兵学の背景と、二つの背景を持つ書物であったがために、劉向たちがこのような処置を施し、「二つの背景がある」ことを後世に伝えようとした、と考えたのである。

もっとも、章学誠のこの推測には少しばかり誤りがあるらしく、近代の目録学者である王重民（一九〇三—一九七五）は、いずれの書物も、諸子略に記載されている方が完本で、兵書略に記載されていた方は、それぞれの書物のうち兵書に関係する部分の別行本であり、内容的には同一でなく、おそらく兵法の専門家らが完本から抜粋したものだろうと言っている。(13) それだけのことだったとすると、「学術的背景を明らかにしようとした」というほどの意識は、劉向たちになかったのかもしれない。

つまり、章学誠の読みは「深読み」であったのかもしれないのであるが、しかしながら、学術の背景を常に意識するという書目の読み方には一理ある。しかも、書目を編集する際にこの方法を応用すれば、一つの書物を関連箇所すべてに著録できるわけであり、より円滑に目録を用いることができるようになるわけであり、そういう意味においてこの「互著」の方法は有効である。

章学誠が主張する「別裁」の法、というのも似たものであり、同じ本の完本とは別に、その中の一部の篇や章を選びとって別行本を作ることである。章学誠が挙げた例として、「弟子職」がある。この篇は現在でも『管子』に見えており、『管子』（『漢書』藝文志では『筦子』と表記）が完本で、『弟子職』が別行本、という関係になる。

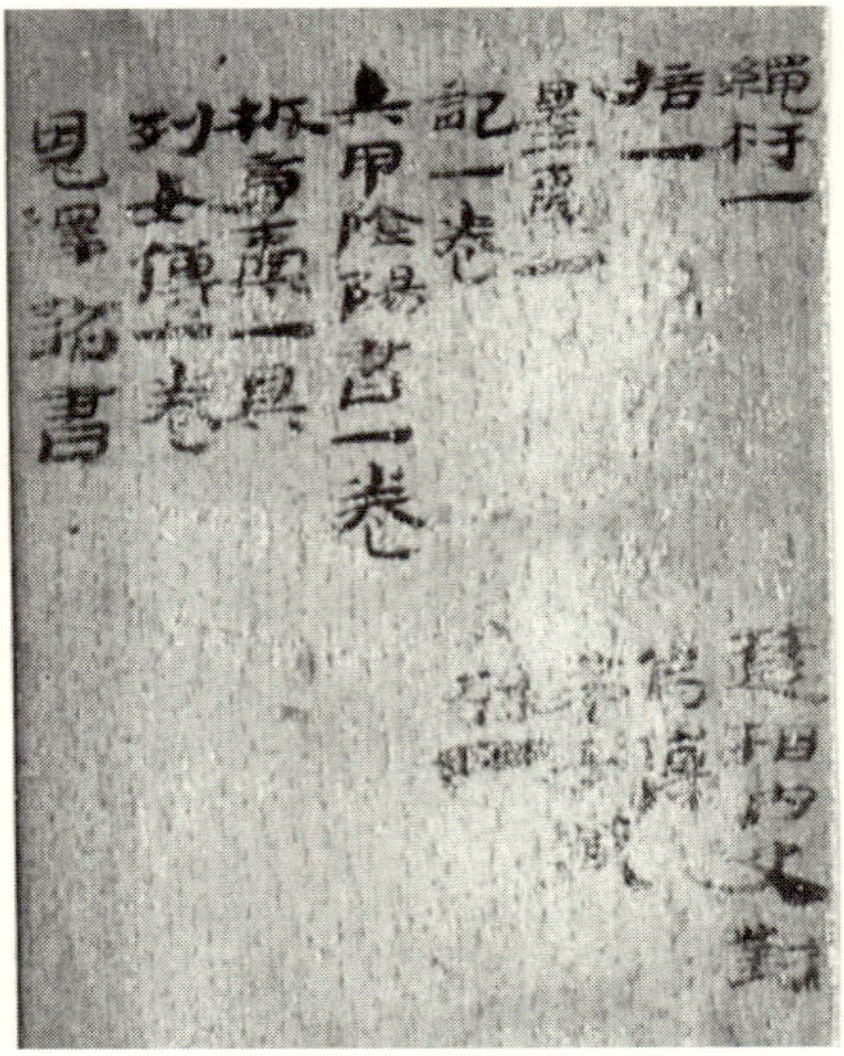

尹湾漢墓から出土した目録

『筦（管）子』八十六篇（諸子略、道家）

『弟子職』一篇（六藝略、孝経家）

章学誠は、劉向らがわざわざ「著述の源流」を弁ずる目的のもと、ある特定の篇を抜き出して別の本に仕立てた、と考える。こうして学術的背景が明らかにされた、というわけである。これに関しても、当時、すでに社会には別行本が一般的に流布しており、特に劉向らが「著述の源流」を明らかにするために手を加えたとは言えそうにない。現に、江蘇省尹湾の前漢墓から新しく見つかった木簡に、他の書とならべて『弟子職』の書名が見えているが、これは劉向以前のものであり、そのころからすでに別行の習慣があったことを示している。

しかしながら、「互著」の場合同様、「別裁」の例から古代学術のあり方を考察することは必要なことであり、章学誠の気づきはやはり意義深いと言える。

以上のように、目録を読んだりながめたりしながら、鄭樵や章学誠といった学者たちは、古代から自分たちの時代にいたる学術の変遷を考察した。わたくしも、この方法を模倣して『隋書』経籍志をながめていたところ、隋志に見える「注」と呼ばれる種類の注釈書が、すべて本文をともなうものであること、そして「注」がその他の種類の注釈書と一線を画することに気づき、論文を書いたことがある（『中国中古の学術』上篇、第一章、研文出版、二〇〇六年）。こうしてみると、目録にはまだまだ「ながめる」余地があることが分かる。

第三節　俯瞰の楽しみ

書物を読む場合、別に「書物世界の全体像」など意識せずとも、人は不自由なく書物の内容に集中することができる。そのような大げさな意識は、読書の楽しみとはあまり関係がない。しかし一般の読者であっても、次に読みたい一冊を探しに図書館なり書店なりに足を向けるならば、書物の分類とか配置とかに否応なく向き合うことになろう。現在進行中のオンライン化によって、分類や配置はかなり意識の後方に退いている状況はあるものの、読書を好むような人であれば、書物を選ぶ場合などには、そのジャンルを意識する時があるのではないか。

わが国では現在、「日本十進分類法（ＮＤＣ）」という分類が広く用いられている。これは書物全体を十に分けるものである。

0　総記　1　哲学・宗教　2　歴史・地理　3　社会科学　4　自然科学
5　技術　6　産業　7　芸術　8　言語　9　文学

図書館が本を配列する場合、すべての本をこの順番どおりに0から並べることは一般的でないかもしれない。まず、閲覧者が自由に本を手に取れる「開架」と、そうではない「閉架」とに分けたり、あるいは参考図書やあるいは文庫・新書版などに特別のスペースを設けたりする。必ずしも杓子定規に分類記号に従って配列するわけではない。しかし、基本はそのようになっていて、本にも十進法に基づく記号を書いたラベルが貼ってあることが多い。

ぐるりと図書館を一回りして並べられた本の背表紙を眺めてみたりすると、ひとり一冊の書物の内容に向き合うのとは異なり、視野が広がったような気にならないだろうか？　ただ、自分にとってあまり興味を引かない分類の本などは、相変わらず手にとってみようとは思わないかもしれないが。

目録に目を通すことも、歩きながら図書館に並んだ本の背表紙を眺めてゆくのと似ており、なんとなく視野が広がったように気になるものである。

ただ分類について言えば、図書館の職員の方でもない限り、この分類表をよく覚えている人は多くないはずだ。反対からいうと、書物を読むのに十進分類をあらかじめ覚えておく必要はまったくない。

一方、「四部分類」という分類法が隋の時代に確立した中国においては、その後は、古典を読もうという場合、専門家のみならず「書物の全体像」を意識する場合が少なくなかったのではないかと考えられる。それがすべての識字層にとっての常識であったとまではいえまいが、清の時代ともなれば、「経・史・子・集」という四部分類自体、多くの読書人に意識されるようになってきたらしく、十八世紀に書かれた、科挙をめぐる白話小説『儒林外史』には、ある才子をめぐって、すべての書物を意味する表現として「経史子集の書」の語が見えている。

他自小七八歳上、就是個神童。後来経史子集之書、無一様不曾熟読、無一様不講究、無一様不通徹。（『儒林外史』第四十七回「虞秀才重修元武閣、方塩商大鬧節孝祠」）

（虞華軒という人は）七つ八つのころには、もう神童といわれ、やがて経史子集の書物は、なにひとつ、熟読し、講究し、通暁しないものはなかった。(14)

日本の書物文化と中国の書物文化とを比較してみた場合、書物を分類して全体を見渡すような意識は、中国の方がはるかに強いと感じる。このような書物全体・学術全体を俯瞰する視野は、中国においては、目録学と一体となって展開したと考えられる。

中国史を研究した学者、増井経夫（一九〇七―一九九五）は「総合する力と分類する力」という一文において鄭樵の紹介をしている。鄭樵は学問において「会通」というものが大切だと主張するが、その部分を増井氏の訳によって示そう。

百川は各々その流れの方角はちがっても結局は海に会するので、それでこそ九州は水浸しになる心配はなし、万国はそれぞれそこへたどりつく途はちがってみな中国に通じてくるので、それでこそ八荒につかえ滞る心配はない。会通の意義はきわめて大きいといわねばならぬ。(15)

鄭樵にとっては、中国文化においてこのような「会通」を行った人物こそが孔子であり、司馬遷であった。そして彼自身も『通志』という書物を作ることにより、中国文化全体を見通す「会通」を目指した。

臣は今、天下の大学術を総括し、その綱目を箇条にし略と名づけた。この二十略で百代の憲章、学者の能事は尽くされていると思う。（「通志総序」。訳文は増井氏『中国史』）

増井氏がこの鄭樵の姿勢を「いわば当時の学術の集大成であり、文化の鳥瞰図をなすもの」（『中国史』）と評したのは確かに当たっているものと思う。鄭樵の「会通」が最もはっきりと表現されているのが、『通志』のうち、「藝文略」の部分であると考えられる。これは中国の古今の書物を目録にしたものであるが、蔵書目録ではないので、当時すでに失われていた書物も含まれる。そういった書物も含め、知の鳥瞰図を描く目的をもって、鄭樵はこの目録を現したのである。

しかしながら、この学問の全体像を把握しようという態度は、別に鄭樵が発明したものではない。この種の「会通」は、中国では目録によってこそ示されるものであった。それ以外の「会通」の方法ももちろん存在するのだが、『漢書』藝文志の「大序」「小序」ほど明確に学術の筋道を述べたものは例がなく、漢志ほど明白に当時の知的風景を後世の我々に見せるものはない。そして書目は鄭樵が発明したのではなく、中国学術史の蓄積の産物である。

何よりもまず、前漢の劉向・劉歆が提示した六部分類こそが、学術と書物の枠組みの全体像を示したものである。

（1）六藝略　（2）諸子略　（3）詩賦略
（4）兵書略　（5）術数略　（6）方技略

なお、劉歆『七略』の七とは、この六つの「略」に「輯略」と呼ばれる総括的記述を足したものであり、分類自体は六分類なのである。

この劉歆がこのように六部分類を示した学術的意義とは何か？　私なりに整理すると、まず第一に、現存する書物を、その背後にある伝承や学術、成立事情と結びつけて分類していることである。「六藝略」に収められる書物の背景には儒教の伝統があり、「諸子略」に収められる書物の背景には、春秋戦国時代に諸侯の間を遊説した諸子百家の存在があることを、それぞれの「略」を解説する「小序」において指摘する。同様に、「詩賦略」「兵書略」「術数略」「方技略」それぞれの書物の背景についても、すべてそれぞれの学術の伝統が説明されている。

第二に、この六部分類が示す、強い順序意識を指摘することができる。すなわち、儒教の経典である「六藝」を第一に置き、書物全体のはじめに据えた。この儒教経典重視は、後世の目録にも決定的な影響を与えており、現在にいたるまでこの点だけは変わらない。「六藝略」に次いで、「諸子略」が配されているが、これはさまざまな先秦諸子が、「むろんその学説の中には、蔽われているところや浅はかな考えもないではないが、結局のところは六経に帰する」(漢志、諸子略の序。鈴木訳)と、漢志(さかのぼっては『七略』)では叙述されており、「諸子」が「六藝」に次ぐ、と彼らが考えていたことが見て取れるのである。以下、「詩賦略」「兵書略」「術数略」「方技略」という序列にも、劉向・劉歆の意図がこめられているらしいのである。

第三に、劉向が書籍整理を担当したのは、「六藝略」「諸子略」「詩賦略」の三つであり、それ以外に、「兵書略」は歩兵校尉の任宏が、「術数略」は太史令の尹咸が、「方技略」は侍医の李柱国が、それぞれ校書を担当したという（漢志の大序に見える）。戦争に関する「兵書略」、天文と占いに関する「術数略」、そして医学に関する「方技略」の三者は、専門性の高いものである。それゆえ、いくら劉向が優れた学者であったといっても、その手に余るものであったに違いない。「六藝略」「諸子略」「詩賦略」の三者を「学」と呼び、それに対して、「兵書略」「術数略」「方技略」の三者を「術」と呼んだ、という見方もある。倉石武四郎は次のようにいう。

劉向自身の担任した六藝、諸子、詩賦の三者と専門家に委任した兵書、術数、方技の三者とは、二つの大きな分類と認められる。これは後世の考えでいえば学と術との分類にあたるものと思う。即ち六藝、諸子、詩賦の三者はいわゆる学であって、一般に士以上の人たちの必ず身につけねばならないものであるが、兵書、術数、方技の三者は術であって、特殊な専門家のみの技術である。(16)

「学」と「術」、あわせて「学術」である。このように、専門性の高い分野を分けることも、

『漢書』藝文志の特徴である。

さてその後、魏晋時代には「甲乙丙丁」と朝廷の蔵書を分ける四部分類の原型が登場した。魏晋時代から南北朝時代、西暦でいうとほぼ三世紀から六世紀にかけての時代は、四部分類がだんだんと形成されてきた過渡期である。また後漢時代から魏晋時代にかけては、書写材料が竹簡から紙の本へと交替するという大変化もあった。本そのものがかなり大きく変わったわけである。新しく登場した四部分類の書目に掲載されている本は、ほとんどすべて紙か絹に書写された本であると考えてよかろう。書物を数える単位も、『漢書』藝文志における「篇」（竹簡の束を数える単位）と「巻」（絹の巻子本を数える単位）との併用から、後にはもっぱら「巻」（絹や紙の巻子本を数える単位）のみを用いるのへと変化した。

梁の時代、普通四年（五二三）に阮孝緒（四七九―五三六）が編纂した書目、『七録』はなかなかユニークなもので、「仏法録」（仏教経典）、「仙道録」（道教経典）を含む七部分類から成る。魏晋以来の四部分類を継承しつつ、『七録』の目録の影響をも受けて、隋の朝廷においては『大業目録』が編纂された。この目録を底本として作られたのが、『隋書』経籍志（隋志）である。ここにおいて示された四部分類は、長く後世の規範とされることとなった。

（1）経部　（2）史部　（3）子部　（4）集部

特に第二の史部が設けられたことが重要である。『漢書』藝文志にはおいては、「史部」がいまだ登場しておらず、有名な司馬遷の『史記』も、漢志には六藝略、春秋家に「『太史公』、百三十篇」と著録されるにとどまっていた。後漢時代以来の史学の隆盛にともない、史書の数が飛躍的に増加し、魏晋の四部分類においては「丁部」という枠を与えられていたが、隋志においては「経部」に次ぐ第二の地位を獲得しており、その下位分類を見ても、史学並びに史書が完全に成熟していたことが見て取れる。

(1) 正史　(2) 古史　(3) 雑史　(4) 覇史　(5) 起居注
(6) 旧事　(7) 職官　(8) 儀注　(9) 刑法　(10) 雑伝
(11) 地理　(12) 譜系　(13) 簿録

以上に挙げたのは『隋書』経籍志の史部の例であるが、それ以外についても、隋志においては、下位分類にいたるまでかなり完成された分類が示されており、この目録は四部分類を確立させた。後世の目録の範とされたのはもっともなことであり、我が国最古の書目、九世紀末に編纂された藤原佐世《すけよ》『日本国見在《げんざい》書目録』も、隋志の分類を忠実に守るものである。

さて隋志は、漢志同様、単なる書物の帳簿ではなく、漢志を十分に踏まえつつ、書物とその背後にある学術との関連を叙述した目録学的の高い目録である。漢志の「六藝略」と内容的に大きくは変わらない「経部」を冒頭に置き、強い順序意識を示していること、この意識も漢志を継承するものである。ただ、漢志において示された、「学」と「術」との区別、すなわち専門性に基づく分業については、目録を見る限りは漢志ほど明らかではなくなっている。

その後、唐代においても宋代においても、国家の図書を管理する際には、隋志同様の四部分類が継承された。一方、同じ宋代に生きた鄭樵は、上述の通り、独自の十二分類を構想した。これを隋志および漢志と照らし合わせてみよう。

鄭樵	隋志	漢志
経類	経部の大部分	六藝略の大部分
礼類	経部・礼類	六藝略・礼家
楽類	経部・楽類	六藝略・楽家
小学類	経部・小学類	六藝略・小学家
史類	史部	六藝略・春秋家の一部
諸子類	子部の大部分	諸子略と兵書略
天文類	子部・天文類と暦数類	術数略・天文家など

五行類	子部・五行類	術数略・五行家など
芸術類	子部・簿録類など	（該当なし）
医方類	子部・医方類	方技略
類書類	子部・雑家類の一部	（該当なし）
文類	集部	詩賦略

　このように比較してみると、以下のことが分かる。鄭樵の「経」「礼」「楽」「小学」は、『漢書』藝文志の「六藝略」を腑分けしたもの。鄭樵の「史」は、『隋書』経籍志の「史部」そのまま。鄭樵の「諸子」は大体、隋志の子部に相当。鄭樵の「天文」「五行」「医方」は隋志の子部の下位分類を踏襲したもの。鄭樵の「文」は、隋志の「集部」や漢志の「詩賦略」と同じである。

　違いがあるのは、まず「藝術類」で、これは漢志においても隋志においても独立していない、比較的新しい分類である。『新唐書』藝文志（略称は新唐志）において、子部の「雑藝術類」として新設された分類を、鄭樵が採用したものである。次に「類書類」、これも新しい分類で、同じく『新唐書』藝文志において作られたものを、鄭樵が採用した。

　こうしてみると、鄭樵の十二分類は、隋志をまずベースとしており、その土台の上に「天文類」や「五行類」「医方類」など、漢志を参考にして分け、さらに新唐志を参考にして「藝術類」「類書類」を設けたわけである。そういう意味では、鄭樵の十二分類というのも、分類の数こそ増えているものの、基本的には過去の目録の蓄積の上にあるものだと分かる。

鄭樵の十二分類には彼なりの理窟があったのだが、しかし、この分類が浸透することはなく、宋代・元代・明代・清代と、基本的には四部分類が受け継がれた。しかし、中国にも近代の波がおし寄せ、中国社会が変貌を遂げると、それにともなって学問や書物のあり方も変わらざるをえなくなった。西洋から新しい知識を移入したことにより知識の体系が変わった結果、一千数百年ほど続いた四部分類も、さすがに十全には機能しなくなったのである。

その際には、新しい中国にふさわしい図書分類のあり方が模索された。梁啓超（一八七三―一九二九）が構想した西洋学術書の分類、「西学書目表序例」については、井波陵一『知の座標』に詳しく紹介されており[17]、当時の様子がよく分かる。

またアメリカのシカゴ大学において漢籍の整理を担当した銭存訓（一九〇九―二〇一五）は、伝統的な四部分類を、近代において運用する際、以下のような問題点があると指摘した[18]。

・伝統的な目録学は、枠組みの中心に儒教を据えてきたこと。
・枠組みが簡単すぎて、詳細を組み込めない構造になっていること。

・枠組みに柔軟さがないこと。

こういった問題点は確かに存在している。しかし中国の歴史とともに生きた四部分類は、伝統社会の中に、あまりにも強い根をはった。そのため、近代になっても簡単に分類を変更することができず、そのままの形で生き延びた。現在、中国の内外を問わず、大量の漢籍を有する大図書館では、やはり引き続き四部分類を基礎とする図書分類を使っている。

近代化という大変革を経験しながらも、四部分類は結局は滅びなかったと言える。今後も四部分類にのっとった漢籍の運用がなくなることはないのではないかと私は想像している。

中国文化は、我々日本人にとっては外国文化である。そうであるから、別に中国文化に従って、後生大事に目録学を守り続ける必要があるとまでは言えないかもしれない。そうではあるが、目録学は、我々に書物全体、そしてその背後にある学術全体を俯瞰することを教えてくれる役に立つ智恵なのである。

むすび

以上ように、劉向・劉歆父子から始まり、近現代にまで至る中国図書分類の歴史、目録学の歴史を観察してみると、書物を尊重する中国文化において、図書の分類が如何に重んじられたかが分かる。

飛鳥時代以来、中国文化の影響を受けてきた我が国においても、漢籍の目録が作られるようになり、九世紀末に編纂された『日本国見在書目録』がその代表的なものであるが、また近代以降は中国流の目録学、すなわち清朝において発展した目録学も輸入された。我が国において伝統中国を研究対象とする学者たちがこれまでに大きな成果を挙げ、本国にも一目置かれる独自の漢学を発展させてきたことは誇るべきことであるが、その根底には目録学があることは、専門家以外にはあまり知られていないことであろう。

そういった学術的な研究のみならず、目録学というものの存在は、全体を俯瞰する視線、鄭樵風に言えば「会通」することの重要性を我々に教えてくれる。昔の人は、目録を読むことを通して、そのようなことを学んだ。それは今も昔も変わらないといえば変わらないことであるが、ただ近代に入って漢籍目録に索引という便利な付録が加えられると、目録の全体に目を通す習慣は相対的に少なくなったことであろう。倉田淳之助（一九〇一―一九八六）は、一九四三年に出版された『東方文化研究所漢籍分類目録』の編纂に従事し、それに索引を付けたが、これについて次のように言っている。

> 目録書を読むといふことは学術の背景を要し、難しいことのやうに思はれる。殊に近頃のやうに引得索引類が完全になればなるほど、読む機会は愈少くなり、各の目録が持つ特徴も忘れられ勝になる。私共の「分類目録」にも通検があるので便利だといはれる。かくては後世より私共を毀つて、学術の衰ここに始まるといふかも知れない。[19]

なるほど、必要な書物を探すというだけならば、索引（かつては引得《インデックス》・通検などとも呼んだ）を使えば簡便に目的を果たせる。しかしそれでは、目録に目を通して、歴史を自由に想像する楽しみは得られない。索引をつけたことが後世に批判され、「学術の衰ここに始まる」と評価されるのではないかと倉田氏がおそれたのは、杞憂ではなかったのかもしれない。物事には常に両面がある。便利の裏には、愚劣がある。

その後、デジタル時代が到来し、図書は機械によって管理されるようになり、書目の存在は、読者にとって意識の後方に退くものとなっている。書目を熟読しなくても本を検出することは可能であるし、本を読むことも可能になった。さらには本をすべて読まなくとも、検索によって目的の情報を得られるようになった。そのようなデジタル時代だからこそ、俯瞰の視線が必要となるのである。そうでなければ、断片的でばらばらな情報が得られるばかりで、その情報を「会通」する視座を欠くことになってしまうのではないか。

地図を眺めて知っている土地を思い浮かべ、また知らない土地に思いを馳せる。それと同じように、書目を眺めて漢籍が包摂する知の世界に遊ぶ。今日においてこれほど贅沢なことはなかなかないように感じるが、如何なものであろう。

ただし、目録を読んでその背後にある学術を知ると言っても、書物や学問は流動的な存在であり、決して固定的なものでないことも確かである。たとえば『四庫全書』には白話小説の類が収められていないが、これを根拠として、当時は白話小説が書物として存在しなかったとか、そんなものを読む人はなかったなどと主張すれば、これは滑稽かつ事実に反することになってしまう。分類を固く考えるのではなく、分類を踏まえつつ、個々の書物と柔軟につきあうのが理想的な本の読み方ではないかと思う。

注

（1）吉川幸次郎「支那人の古典とその生活」。

（2）なおこの二つの目録—『別録』と『七略』—の間には密接な関連がある。『別録』は校書の成果に基づき一つ一つの書物の成立、伝承、価値や校勘の結果などを記し、その解題を上奏文としたものを集成した書であったらしい。一方の『七略』は別録に基づきつつ、解題を簡略化したうえで、目録として一覧性の高い形にしたものと考えられる。二つの書目の佚文を見るには、鄧駿捷校補『七略別録佚文 七略佚文』（上海古籍出版社、二〇〇八年）が比較的便利である。

（3）鈴木由次郎訳『漢書芸文志』（明徳出版社、一九六八年）、第三一頁。
（4）内藤虎次郎「支那目録学」、『内藤湖南全集』巻一二（筑摩書房、一九七〇年）。
（5）倉石武四郎『目録学』（汲古書院、一九七九年）、第八五頁。
（6）『四庫全書』ならびに『四庫全書総目提要』については、本書に収める永田知之氏「目録学の総決算―『四庫全書』をめぐって」に詳しい。
（7）狩野直喜『漢文研究法』（みすず書房、一九七九年）、第一〇頁。
（8）『漢文研究法』、第一〇頁。
（9）姚名達『中国目録学史』（商務印書館、一九三七年）、第一一四頁。
（10）その経緯は、原田信氏「鄭樵「図譜略」の著述意図について」（『早稲田大学大学院文学研究科紀要』第二分冊、第五八号、二〇一三年）に詳しい。
（11）『校讐通義』序。日本語訳は、文教大学目録学研究会「章学誠『校讐通義』訳注（一）」（『文学部紀要』（文教大学）第二六号二巻、二〇一三年）、第一四〇頁に見える。
（12）また『漢書』藝文志において、『墨子』が諸子略墨家と兵書略技巧家とに重出している。
（13）王重民『校讐通義通解』（上海古籍出版社、一九八七年）、第一七―二〇頁。ただし『鶡冠子』のみは同一本であった可能性を、王氏は指摘する。
（14）日本語訳は稲田孝訳『儒林外史』（平凡社、一九六八年）、第四一一頁。
（15）「通志総序」に見える文。訳文は増井経夫『中国史―そのしたたかな軌跡』、第一〇三頁。
（16）倉石武四郎『目録学』、第一九―二〇頁。井波陵一『知の座標―中国目録学』（白帝社、二〇〇三年）第一八―一九頁にも引く。
（17）『知の座標』、第五三―五七頁。

（18）「中国における図書分類の歴史」（『ライブラリー・クオータリー』第二二号四巻、一九五二年）。

（19）倉田淳之助「四部分類の伝統」（『東洋史研究』第八巻四号、一九四三年）、第三九頁。

子部の分類について

宇佐美文理

王　蒙「春山読書図」

はしがき

四部分類の中の「子部」は、四部分類の中でとりわけ複雑な構成を持つ。そしてその複雑さの中に、学術全体の構成を考える上での色々な示唆を与えてくれる情報を持っており、分類を考える上では極めて重要な部である。

ごく簡単に言うと、「経部」は経書に関わるもの、「史部」は歴史書、「集部」は文学書、ということで、その分類は極めて明白である。では「子部」は何が入っているのか。これは通常、その成立から考えて、「諸子百家と技術書」とされている。

さて、そうすると、「諸子百家」とはなにか、また「技術書」とはそもそも何かということになる。諸子百家とは、戦国時代に、儒家や墨家、法家などがいわゆる百家争鳴の状況を呈したことを思い出していただければよい。つまり、「いろいろな思想が語られ、書物として残された」ものを、諸子百家と呼んだわけである。つまり、かつて日本の大学の文学部が「文学、史学、哲学」と三つに分かれていた分類がそのままここにあるわけで、いわば思想書、あるいは哲学書が子部にいることになる。もちろん、儒家の経書は特別な扱いなので経部にいるという特殊な事情はあるのだが。

そう考えると、なんだかすっきりしているように思われるかも知れない。しかし、誰でもすぐに気がつくように、「いや、それは文学部の話であろう。学問は文学部だけではない。」それはその通りであり、問題は、経済とか法学、あるいは理系の学問などたくさんあるわけで、それはどうなっているのかということである。そして、簡単にまとめてしまうなら、文学部以外の学問については、「残りはなんでもすべて子部が引き受けましょう」ということになったのである。子部は「経部、史部、集部に入らないものが押し込められた分類」という構造をもつのである。

実は、ここで中心になる話題は、この「残りはすべて」という発想である。そもそも書物の分類は、学問の観念的な分類であると同時に、「モノの分類」としての意味を持っている。従って、分類がむずかしいものでも、ともかくどこかに分類しなければいけない。図書館で購入された本が、分類が難しい（入れるところがない）からどこにも置かない、ということはあり得ない。

これは、現在の家庭で書物を分類して架蔵している場合でもまったく同じことになろう。あるいは書物は分類していないということなら、食器棚を考えていただいてもいい。用途や形状、大きさは色々で、たとえばコップと皿などに分類して別々の場所（棚）に収納するのが基本だろうが、「どこにもはいらないのでとりあえずここに」ということがきっとあるにちがいない。

それと事情は同じである。これは「モノの分類」、「モノの収納」をする時には避けられない問題である。

書物においても話はまったく同様である。書物の分類は、学問の分類でもあり、書物の多様化と学問の多様化は連動している。しかし、その多様化をなんとかとりまとめる部門として中国目録学上の子部は持っているということである。

一 『漢書』藝文志における「子部書」について

さて、話を現存する最古の目録である『漢書』藝文志にもどして考えてみよう。

『漢書』藝文志は、全体を、

六藝略　諸子略　詩賦略　兵書略　数術略　方技略

の六類に大きく分類した。その内容は、「六藝略」が「経書」、「諸子略」が「諸子百家」、「詩賦略」が「文学」、「兵書略」は兵法書、「数術略」は占い、「方技略」は医学である。そして、この前三者（六藝・諸子・詩賦）と後三者（兵書・数術・方技）とが大きく性格が異なるものとし

て捉えられてきた。この性格の違いは、

光禄大夫の劉向に詔して、経伝、諸子、詩賦を校訂させ、歩兵校尉の任宏に兵書を校訂させ、太史令の尹咸に数術書を校訂させ、侍医の李柱国に方技書を校訂させた。一書について校訂が終わるごとに、劉向がそのたびごとにその篇目を書き出し、その書物の主旨をとりまとめ、記録して奏上した。(『漢書』藝文志)

詔光祿大夫劉向校經傳諸子詩賦、歩兵校尉任宏校兵書、太史令尹咸校數術、侍醫李柱國校方技。毎一書已、向輙條其篇目、撮其指意、錄而奏之。

藝文志第十　漢書三十
漢　蘭　臺　令　史班固撰
唐正議大夫行祕書少監琅邪縣開國子顏師古注
賜進士出身前翰林院編修國子監祭酒加三級臣王先謙補注
昔仲尼沒而微言絕[李奇曰隱微不顯之言也師古曰精微要妙之言耳]七十子喪而大義乖[師古曰七十子謂弟子達者七十二人舉其成數故言七十補注先謙曰二語亦見劉歆傳]故春秋分為五[韋昭曰謂左氏公羊穀梁鄒氏夾氏也]詩分為四[韋昭曰謂毛氏齊魯韓]易有數家之傳戰國從衡眞僞分爭[師古曰從音子容反]諸子之言紛然殽亂[師古曰殽雜也]至秦患之乃燔滅文章以愚黔首[師古曰燔燒也秦謂人為黔首言其頭黑也燔音扶元反黔音其炎反又音琴]漢興改秦之敗大收篇籍廣開獻書之路[補注齊召南曰此二句旣敘在孝武之前則指高祖時書何收秦圖籍楚元王學詩惠帝時除挾書之令文帝使鼂錯受尚書使博士作王制又置論語孝經爾雅孟子博士即其事也]迄孝武世書缺簡脫禮壞樂崩[師古曰編絕散落故簡脫脫音吐活反]聖上喟然而

『漢書』藝文志

とされるように、前三略は「学者」の劉向が担当したが、後三略は「専門家」たる三人に仕事が任された、という事実が大きな要因となっている。

まずは『漢書』藝文志がこのような六つの分類になるまでの前史について考えておかねばならない。

この前三略と後三略の性格の違いについて、前半三つを「学問の書物」、後半三つを「技術の書物」とに

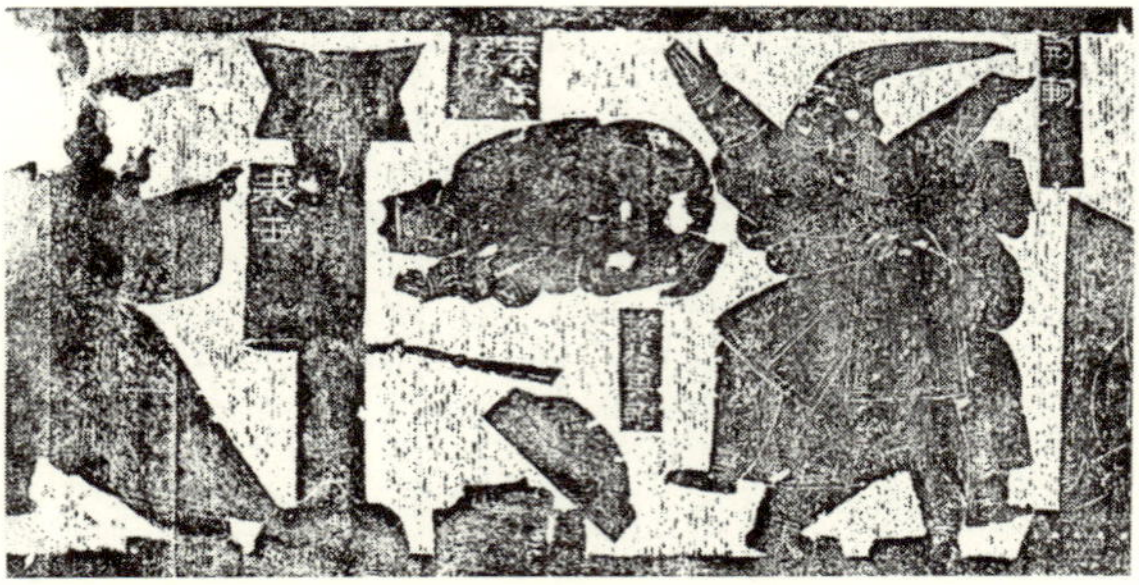

山東省嘉祥県武梁祠、始皇帝・荊軻像画像石拓本

分けてよく考えられるのだが、この分類をもたらしたものは、実は秦の始皇帝の焚書である。

よく知られるように、焚書においては、丞相李斯の建言によって、「医薬卜筮種樹」を除いた書物、つまり、医薬（医学書）、卜筮（占い書）、種樹（農業書）といった、実生活に役立つ、実用技術書以外の書物がすべて焼かれたとされている。つまり、書物を「学問書」と「技術書」とに分けることは、この焚書の時にはじまったのである。さらに言うなら、中国において書物をモノとして分類したのはこの時にはじまると言ってもいい(1)。

もちろん、学術を分類することは、『荘子』天下篇や、『荀子』非十二子篇など、先秦諸子の中にいくつもその例はあり、有名な司馬談（司馬遷の父）の『史記』太史公自序の中に見える「六家要旨」などがその代表的なものということになる。しかし、これはまさに学術の分類の記述であって、直接に書物を目の前にして「わけた」作業の記録ではない。

対して焚書の時には、まさに個々の書物が「焚書の対象かどうか」ということで選別されたのである。そしてそのときに基準となったのは医学、占い、農業などの「実用技術書かどうか」ということであった(2)。

そしていま我々が考えている子部の分類について言うと、「子部は諸子百家と技術書」としばしば語られるわけだから、この分類に対して始皇帝の焚書が持った意味は大きい。

そして、図書の分類は、「モノの分類」、しかも基本的には「現に存在するモノ」の分類なので、「分量」に大きく左右される。上記『漢書』藝文志の段階では独立していなかった歴史の部門である「史部」が四部分類では独立することになるのが、史部書の量的な増加が大きな要因だったことはよく知られている。

実はこの『漢書』藝文志についてもこのことはあてはまる。つまり、焚書によって、「学問書」は焼かれたが、「医薬卜筮種樹の書」つまり実用書は残された。要するに焚書後も、実用書は世の中にたくさんあったのである。そして、『漢書』藝文志では既に独立している詩賦略も、理念上は六藝の詩部に属すべきものだが、書物がたくさんあったので、別に一略を形成したのだ、と阮孝緒の「七録序」は指摘している。(3) とすると、兵書略の扱いに少し困るものの、結局諸子略とは、書物全体から実用書を除いて、その中から「六藝」ではないものを収める部分である、ということになる。まとめれば以下のようになろう。

書物全体 － 実用書 － 「六藝（＋詩賦）」 ＝ 諸子略

ただ、これを見ると、六藝、詩賦、諸子を除けば残りは実用書、という図式になるので、「六藝略、諸子略、詩賦略」のセットと、技術書である「兵書略、数術略、方技略」のセットがきれいにわかれているように見えるのだが、残念ながらそうではない。それを示すのは諸子略のなかの「農家」である。

『漢書』藝文志のなかで「農家」は諸子略に入っている。そうすると「実用書」ではないということなのか。農業書は焚書において実用書と見なされたものではなかったのか。なのに、なぜ諸子略なのか。

これは、先にも触れた、「書物の量」の問題が大きいのではないかと思われる。つまり、もし農家の書物がたくさん残っていれば、『漢書』藝文志は、

学術書（六藝略、諸子略、詩賦略）
医薬書
卜筮書
種樹書

となってもよかったのである。そしてそれぞれは、

六藝略
諸子略
詩賦略
方技略（医薬）
數術略（卜筮）
農家略？（種樹）
（兵書略？）

ということになる。しかし、そうはならなかった。それはひとえに、農家の書物が少なくて、「略」として独立させる（劉向が校訂したときに誰か一人にまかせる）だけの分量がなかったということに尽きるのではないか。

ここですぐにわく疑問は、諸子略の農家は「理論書」で、技術書とは別ではないのか、という点

漢代の塩井の様子（画像磚拓本）

古代の書物（講学画像磚拓本）

であろう。『漢書』藝文志に記載されるほとんどの農家書が亡んでしまっていることもあって、考えるのは難しいのだが、そもそも技術に関する書物について、「理論書と技術書」を明確に区別できるのかどうかは極めて疑問である。医学書の『黄帝内經』を考えればそれは明白である。そしてなによりも、おそらくは残っていた可能性が高い農業の「技術書」が、この諸子略の農家のところ以外には入るところが設けられていない（もちろん他の分類には見当たらない）ことから、農業に関わる書物は、理論書か技術書かということにかかわらず、ともかく諸子略の農家に分類されたに違いないと思われる。

さて、すると今度は兵書略が問題になる。兵書略の場合は、これとは逆で、「分量が多かった」ので独立したのではないか。つまり、先に見たように、詩賦略が量の問題で独立したこと、あるいは後の時代に、歴史書が多くなって史部が独立したことと、同じ状況なのではないかという推測が成り立つ[4]。

つまり、『漢書』藝文志に記述があるように、兵書は劉向が活躍する成帝の時代以前に既に収集が進められており、「兵録」なるものが作成済みで、それをいわば増補したものが、任宏の校訂した現在の藝文志兵書略だということになる。[5] このことから考えても、『漢書』藝文志の前三略と後三略の関係は、単純に「学問と技術」という分け方をすることは極めてむずかしいのである。それは、のちの子部がどのように成立するのかを考える上でも重要な論点になろう。

そして、この「農家」を諸子百家に取り込んだことが、まさに子部が持っている「残りはまかせてね」という構造を示すことがらだ、ということになる。そしてそこでは自分たちの理念（ぼくたちは学問、という理念）などふっとぶのである。

まとめてみると、『漢書』藝文志六略と四部分類の子部の関係は、通常、

（六藝略）	（詩賦略）	（諸子略・兵書略・数術略・方技略）
←	←	←
経部	集部	子部

と考え、全体の構造を

（六藝略　諸子略　詩賦略）　（兵書略　数術略　方技略）

↓　　　　　　　　　　　　↓

学問　　　　　　　　　　　技術

と考えることによって、子部は、

「（諸子略）＝学問」と、「（兵書略、数術略、方技略）＝技術」

によって成り立っている、と考えるのだが、必ずしもそう簡単ではない、ということである。(6)

二　子部における「雑」の問題

ここまで、子部における「技術書」の問題について考えてきたが、以下では子部における「雑」について考える。

この「雑」の問題は、端的には「雑家」をどう考えるか、という問題に帰着するのだが、まず、諸子略の中の「雑家」がどのようなものであったか、それを、諸子略の中の分類から確認しておこう。『漢書』藝文志の諸子略は以下の十家からなる。

儒家　道家　陰陽家　法家　名家　墨家　縦横家　雑家　農家　小説家

さてこの「雑家」だが、『漢書』藝文志は、雑家を「議官から出たもの」としたうえで、「儒墨を兼ね、名法を合」したもの、つまり「儒家、墨家、名家、法家を総合したもの」と定義している。『呂氏春秋』や『淮南子』を含むことから、諸子百家の諸学派の議論を折衷総合した書物を含むものと考えられている。

もちろん「雑家という学派」があるとすればそのようなものということになる。しかし、実際にこの『漢書』藝文志の雑家のところには、必ずしもそのような雑家の理念に合致するとは到底言えないものが含まれていることがすぐに気づかれる。この分類に属する書物はほとんどが既に滅んでいるので考察は難しいのだが、同じ名前で今も書物が存在している『尉繚子』、『尸子』などを考えても、そのような「総合的」雑家とは言い難い。

つまり、従来の分類には入りきらない書物のうち、なんらかの議論をする書物であれば、ここに押し込められたのである。簡単に言えば、諸子百家のうち、どこにも入らないものが雑家に放り込まれたのである。雑家の「雑」は、「残りは全部」という意味を与えられたことばで、雑家はそういう意味を持った分類なのだ。

先にも触れた始皇帝の焚書の時、『始皇帝本紀』では「天下に詩書百家の書物を所蔵するものがあれば、すべて守尉に提出して「雑焼」せよ。（敢有藏詩書百家語者、悉詣守尉雜燒之）」とある。この「雑」は、まぜこぜ、なのだろうけれど、要するに、医薬卜筮種樹の書物の「残りは全部」ということである。これは、先の『呂氏春秋』や『淮南子』が「単」からの雑、つまり、一つ一つだけではだめだから、総合的にやらねばならない、という雑であったのに対し、「全体からスタートした雑」である。全体というものがあって、そこからいくつかを抜き出したあとに現れる「残り」としての雑といえよう。雑家は、このような二つの「雑」の意味を持っている。

実は、この「雑」という概念、あるいは考え方は、目録というものの持っている本質を言いあてた言葉ともいえる。それは、「すべての書物をなんらかの分類に押し込める」必要がある、ということから生まれたものであることをこの「雑」が示すからである。

このことを目録自身が語っているわけではない。しかし、たとえば『漢書』藝文志の諸子略、陰陽のところを見ると、陰陽家の二十の書物をあげたあと、最後に「雑陰陽三十八篇、不知作者」を載せている。陰陽書全体で三百六十九篇ある中のほぼ一割である。これは、「雑陰陽」という名前の書物があったのではなく、内容的には陰陽家の書物かと思われるが、どんな名前なのか、誰の著作なのかもわからない一割の書物、あるいは竹簡が、不明なものとして残ったからこういうことになっているのである。そして目録は、何らかのかたちでそれを目録の中に押し込めなければいけない。そこで仕方なく、「のこりの陰陽家の書物が全部で三十八篇」として表記されているわけである。これも「雑」の意味をよく示す事柄だと思われる。(7)

また、雑ということばから明らかになることがらもある。

諸子略の数術略は、「天文」「暦譜」「五行」「蓍亀」「雑占」「形法」の六つに分類され、この順番に並んでいる。数術略は「占い」の書物の分類である。まず「天文」は、いわば占星術、「暦譜」は暦を使った占い、「五行」はむずかしいが、「木火土金水」の五行（陰陽も使うが）を数理的に操作した占い、「蓍亀」は筮竹や亀甲を使った占いである。そして次に「雑占」が来る。「雑」となぜ呼ばれるのか。これはこれまでの議論からわかるように、「占いなのだけれども、ここまでの分類には入りきらない占いをまとめてここに放り込んだ」という意味での「雑占」である。実際にこの「雑占」に入っている書物は、『黄帝長柳占夢』という夢占いと思われる書物を筆頭に、これ以前の数術略の「天文」から「蓍亀」までの四分類には入らないだろうと思われる書物がならぶ。たとえば『請雨止雨』といった、おそらく雨乞いや雨を止める仕方が書かれた書物など、名前だけでは占いの書物と言えるかどうかわからないものもある。

さて、ここに「雑占」と書かれたのはどういう意味か。もちろん、先にも書いたように、

「占いなのだけれども入りきらないもの」がここにある、という意味なのだが、実はこれは、「ここで占いは終わり」という意味でもある。占いの書物で、占いの四つの分類の中に入らないものを既にまとめてしまったのだから、もはや占いの書物はそれ以上存在しないはずなのである。

では、「形法」は占いではないのか。ここでは煩をいとわず「形法」の書物をすべてあげておこう。

山海経　国朝　宮宅地形　相人　相宝剣刀　相六畜

形法にはこの六つの書物のみが記録されている。『漢書』藝文志は、どうやらこれら六つの書物が「形」を問題にすることからこれらを独立させ、それ以前のものは「気」に関わるものと考え、分類をしたようである。(8)

要するに、これは既に形を持っているものから将来を判断する技術である。つまり、「雑占」までは、陰陽五行の「気」の流動によって世界が刻々と生成変化しているその生成変化を観測し、分析し、将来を知る、のだが、形法は、地理書でもある『山海経』にはじまり、『宮宅地形』つまり風水、あるいは『相人』『相宝剣刀』『相六畜』など、(9)それぞれ人間や刀や家畜の骨相などを見る、つまり、既に形として定まっている「運命」とでもいうものを知る手立てであり、それは「占」とは少し別のものと考えていたことが、ここに「雑」があることによってわかるのである。それは、「形」と「気」の関係を考える上でも重要な視点を与えてくれる。(10)

さらに、先の「農」の問題にもどって考えてみると、焚書の際の考え方からすれば、技術書のところにいるはずの農業書が諸子略に押し込められと考えたが、先にも挙げた諸子略の並びを再掲すると、

儒家　道家　陰陽家　法家　名家　墨家　縦横家　雑家　農家　小説家

「農家」の位置について、気がつくことがある。雑家は、これまで見てきたように、基本的に「諸子略の最後」にいるべき存在である。農家は実にそのあとにいるのである。これは、農家の書物が、他の諸子略の書物と正格を異にすることを示している。それはおそらく、本来「医薬卜筮種樹の書」というくくりの中にいるべきもの、という意識の表れであろうと思われる。これも、「雑」が見せてくれる、目録の妙である。

ちなみに、そのあとに小説家がいるのは、よく知られるように、これは既に『漢書』藝文志がはっきりとその構造について語っている。それは、前の九つが所謂「九流」であって、小説

家は九流には入れてもらえないつまらない議論なのだが、入れるところがないのでここにいる、という構造である。

おわりに

以上、簡単にまとめると、子部というもの自体が、その本来的な構造として「雑」という意味を持っている、ということになろうか。要するに「経・史・雑・集」ということである。つまり、もともと「子」は、「子」という名前をもつ書物、一家言ある議論がなされた書物が収められる部類だったはずなのだが、実際には、既に「諸子略」という分類ができた時点から、この「雑部」的性格を持っていたとも言える。そして「雑家類」は、雑という部の中のまた雑であって、いわば入れ子のような状況で、雑の考え方が分類に反映しているのである。

注

（1）目録学の歴史における焚書の意味については、かつて指摘したことがある。拙稿「雑家類小考」（『中国思想史研究』第二十五号）参照。

（2）この「実用」ということについては、始皇帝が自ら「わたしは以前、天下の書物の実用に役立たぬものをことごとく捨て去った」（吾前收天下書不中用者盡去之。『史記』秦始皇本紀）としているのを参照されたい。

(3)「七略詩賦不従六藝詩部、蓋由其書既多、所以別爲一略」(『広弘明集』巻三所引「七録序」)

(4)兵書が諸子略にあるべき、というイメージは、阮孝緒の「七録」が既に「子兵録」とまとめたことに確認できる。

(5)『漢書』藝文志、兵書略「漢興、張良韓信序次兵法、凡百八十二家、刪取要用、定著三十五家。諸呂用事而盜取之。武帝時、軍政楊僕捃摭遺逸、紀奏兵録、猶未能備。至于孝成命、任宏論次兵書爲四種。」

(6)学問と技術の関係については拙稿「術数類小考」(『陰陽五行のサイエンス　思想編』京都大学人文科学研究所・二〇一一)を参照。

(7)第二章のここまでの議論については、注(1)前掲の拙稿において詳論している。

(8)形法者、大擧九州之勢、以立城郭室舍形、人及六畜骨法之度數、器物之形容以求其聲氣貴賤吉凶。猶律有長短而各徵其聲、非有鬼神、數自然也。然形与氣相首尾、亦有有其形而無其氣、有其氣而無其形、此精微之獨異也。(『漢書』藝文志)

(9)『国朝』については、想像の域を出ないが、『山海経』が中国の外辺の記述であるのに対して、中国の地理書ではないかと従来考えられている。

(10)形と気の関係については、拙著『中国藝術理論史研究』(創文社・二〇一五)序章「形について」を参照。

目録学の総決算
――『四庫全書』をめぐって――

永田知之

四庫全書本『家山図書』

はじめに

「目録学」とは何か、これは決して簡単な問いではない。現に、関係する多くの論著が、様々な考え方を示している。ただ、「漢籍を分類して、その全体を見通す、中国文献学の柱」という（本書なりの）定義は、そう的外れでもないだろう。言い換えれば、「全体を見通す」という以上、書籍に関わる個々の情報をリストに記せば事足りるというわけではなさそうだ。それにしても、「目録」の「学」というからには、書目（図書目録）が目録学の最も見やすい成果であることも、やはり確かであろう。本書が収める他の二文にも現れる前漢の劉向《りゅうきょう》（前七七～前六）らが編んだ『七略』以来、散佚したものも含めると、前近代中国（ここでは清が滅亡した一九一二年までを指す）を通して数限りない書目――多くは四部分類による――が作られてきた。

そもそも書目とは、基準に則して書籍を分類したリストを指す。それぞれに特徴を持つ前近代中国の書目だが、これら自体も記述の方式で類型化が可能である。いま、二〇世紀前半の中国を代表する古典学者の一人で、目録学研究の業績も多い余嘉錫《よかしゃく》（一八八四～一九五六）氏によって唱えられた、三種に分ける説を示してみよう。[1]

一、小序と解題（書籍の解説）を備えるもの。

二、小序はあるが、解題の無いもの。

三、小序も解題も無く、書名など個別の書籍に関する情報だけを列挙するもの。

「小序」とは個別の書籍を位置付ける部立て（例えば「経部」や更に下位の「易類」）の沿革やそこに置く文献の特徴を記す文章をいう。余氏によれば、『七略』は断片から考えて各書の説明を含んでいたから第一類に属したはずだが、それを簡略にした『漢書』「芸文志」は改編の際に説明の文章を削ったために第二類ということになる（『七略』と「芸文志」との関係は本書所収の「目録学―俯瞰の楽しみ」を参照）。これら三類型の中で我々にも身近な書目は、やはり第三類であろうが、さすがは「目録」を「学」にまで高めた中国人だけに、著名な書目だと単なるリストに止まらない小序や解題を含む例が多く見られる。

ただ、そうはいっても登録・分類の対象となる書籍が増えれば、第一類の方式を書目で用いることは、作業量の多さから難しくなる。仮に用いたとしても、解題は簡単にならざるを得ない。概して王朝など収蔵に富む公的な機関の書目ほど、個人の蔵書目録よりその傾向は著しい。ところが、ここに一万種を超える書籍を掲載しながら、小序に加えて相応な分量の解題を備える書目を残した事業が存在する。この文章で取り上げる『四庫全書』の編纂が、それに他ならない。

一　編纂に向けた動き

以下、『四庫全書』について述べていくが、順序として編纂の命令者、乾隆《けんりゅう》帝（一七一一〜一七九九）にまず触れておく。清（一六三六〜一九一二）の第六代皇帝である彼の名は弘暦《こうれき》、姓は愛新覚羅、没後に高宗と称される。「乾隆《けんりゅう》」の元号で著名なその長い治世（一七三五〜一七九五）は、一般に清王朝の最盛期と目される。『四庫全書』に関わる乾隆帝と彼の朝廷の動向を、次の略年表にまとめてみた。(2)

略年表

乾隆	西暦	『四庫全書』関連の事跡
六　年	一七四一	正月、書籍を集める旨の詔勅を発する（ただし実効性は乏しかった）。
三十七年	一七七二	正月、あらゆる書籍を調査し結果を北京に報告するよう地方長官に命令。
三十七年	一七七二	十一月、収集の他に解題の作成、佚書の復元の国家事業化を朱筠《しゅいん》が建言。
三十八年	一七七三	二月、朱筠の建言を容れて叢書『四庫全書』の編纂を四庫全書館で開始。
四十四年	一七七九	編纂中の『四庫全書』から四四六種を精選、『四庫全書薈要《わいよう》』を作成。

四十六年	一七八一	二月、解題を集めた『四庫全書総目提要《そうもくていよう》』が成るが、修訂はなお続く。
四十六年	一七八一	十二月『四庫全書』の最初の一揃いが完成、翌年、文淵閣に収蔵される。
五十二年	一七八七	『四庫全書』の最後に成った三揃いを、文匯《ぶんわい》・文宗・文瀾《ぶんらん》三閣に頒布。
五十四年	一七八九	『四庫全書総目提要』の修訂が終了、宮中の武英殿《ぶえいでん》で木活字により印刷。
六十年	一七九五	現浙江省で『四庫全書総目提要』が刊行される（初めて広く流布する）。

晩年の乾隆帝

『四庫全書』が編纂される前段階の事実として、略年表の最初に掲げた書籍の収集を指示した命令が注目される。だが、これについては本節の終わりで触れるとして、まずは先に進むとしよう。

編纂に直接つながるのは、書籍を調べよ、という三一年後の詔勅だった。個人の書簡や家系図を除く全ての文献が対象という前提は建前であるにしても、大規模な事業といわざるを得ない。地方長官からの報告に基づき、朝廷の選んだ書籍を首都の北京へ送るようにという指令も、そこに付随した。しかし、調査した書籍の目録を送る地方官は、なお少なかった。その中で例外だったのが、朱筠（一七二九〜一七八一）という人物である。

安徽省の学事長官を務めていた朱筠は、書籍を集めた上で、それらを厳密に校訂して解題を作り、更に散佚した文献を復元すること（次節で言及する永楽大典本として実現）を建言した。朝廷での審議を経て、乾隆帝はこの建言を容れる。かくして北京・内城の翰林院《かんりんいん》と紫禁城内の武英殿に四庫全書館（処）という組織が設置され、事業が進められることになった。

書物の調査・選別、移送に過ぎなかった計画は、ここで大きく変質する。校訂された書籍は一様の装丁を施され、定本にしつらえられた。これらを集成した叢書こそが、『四庫全書』なのである。先秦（〜前二二一）より清代まで（『四庫全書』が編まれた時期における存命者の著作は乾隆帝のものなどを除いて対象外）、広く各時代の文献が収められる。ただし、『四庫全書』に関わる書物は、それらのみには止まらない。

著録書：定本を作成して、解題を付した書籍。

存目《そんもく》書：解題だけを著した書籍。

「著録書」と「存目書」の差は、定本を『四庫全書』に収めるか否かに在る。ただ編纂の段階で重要性が劣ると判断されて収録されなかった後者に関しても、解題は作られた。両者のいずれについても解題を、「提要」と称する。著録書が三四五七種であるのに対して、存目書は六七六六種に上る。『四庫全書』といえば、普通は前者を指すが、提要が著された文献は、合わせて一万二二三種にも及ぶわけである。

さて叢書にまとめるという目標の設定や乾隆帝の厳しい督励で、書籍の収集と校訂は、速さを増すことになる。その中で『四庫全書』のダイジェスト版というべき『四庫全書薈要』[3]の完成に続いて、提要の集成が図られた。そもそも著録書は提要（「書前提要」）の後に本文を併せて、『四庫全書』に収録される。これに対して、存目書は本文を欠くので、せっかく著した提要も『四庫全書』の中に収められることは無い。そこで著録書・存目書双方の提要だけを集めた『四庫全書総目提要』二〇〇巻が編まれる。そういった作業と並行して、『四庫全書』本体の編纂も大詰めを迎える。『四庫全書』は全て八部が作成されて、各地の書庫に順次収められた。略年表にも一部が見えるそれらの書庫は、次の表のとおりである。

台北故宮博物院図書文献館（文淵閣本『四庫全書』を所蔵）

表　現時点における『四庫全書』の所在

	書庫名	所在地	現時点における『四庫全書』の所在
1	文淵閣	紫禁城（現北京故宮）	台北故宮（前頁写真）
2	文源閣	北京円明園	アロー戦争で英仏軍が焼却・略奪
3	文津閣《ぶんしん》	熱河（現河北省承徳）避暑山荘	中国国家図書館（北京）
4	文溯閣《ぶんそ》	盛京皇宮（現遼寧省瀋陽故宮）	欠失分を補充後、甘粛省図書館（蘭州）
5	文匯閣	揚州（現江蘇省）大観堂	アヘン戦争・太平天国の乱で焼失
6	文宗閣	鎮江（現江蘇省）金山寺	太平天国の乱で焼失
7	文瀾閣	杭州（現浙江省）聖因寺行宮	焼失分を補充後、浙江図書館（杭州）
*	翰林院	（北京・内城の南にあった官庁の一）	副本を所蔵、義和団事件で焼失

元来、別の用途が想定されていた文宗閣を除いて、「文」の次にサンズイが付く文字を配して書庫に命名したのは、書籍の収蔵にとっての大敵、火災を避ける縁起かつぎによるのだろう。ただ第六節でも述べるが、その望みも虚しく『四庫全書』の多くは、散佚の憂き目に遭った。今では最も完全な二揃い、日中戦争（一九三七〜一九四五）・国共内戦（一九四六〜一九四九）の戦火を避けるべく北京から最終的に台北へ運ばれた文淵閣本と早くに（一九一五）北京へ移され

た文津閣本に加えて、失われた四分の三を補修した文瀾閣本が影印（景印とも書く。リプリント）されており、全体を見ることができる。(4)

『四庫全書』が前近代中国で最大の叢書である点に、疑う余地は無い。その編纂は、史上に稀な文化事業といえる。しかし、そこには決して肯定できない側面が含まれる。

第一に、皇帝の命令による、いわゆる欽定の事業ならではの権威性がある。そのために、『四庫全書総目提要』などに見える記述は公定の学説と目され、清が滅亡する（一九一二）まで、そこに公然たる批判は概ね提起されなかった。この事実は、学問の進歩を幾分か阻害したと思しい。第二に、対象となる文献を選ぶ際の偏向が挙げられる。『四庫全書』の編纂に向けて準備された書籍は記録の残る分が一万三〇〇〇種強、先述のとおり提要が作られた本は一万余種、うち著録書は三四〇〇種程度である。もとより、全てを一つの叢書にまとめるのは、物理的に難しかろう。だが最初から選外とされた書、また存目書・著録書の区分に、後の節で扱う学術上の背景を含む偏り（不偏不党の価値観などありはすまいが）が関わる事実は無視できない。これに関連して、書籍の収集が企てられた動機をめぐる第三の問題点が存在する。

先の略年表にも示したが、乾隆帝が再び書籍の収集を命じた際に、叢書の編纂はなお企画されていなかった。当時の詔勅に拠れば、その目的は政府の蔵書を完備させることに在った。歴代の王朝が同様に書物を集めており、そういった意図は確かにあったのだろう。しかし、清代独自の事情も、そこに関わっていたと思われる。

清は、もと中国東北部（現遼寧・吉林・黒龍江三省及び内蒙古自治区東部）や沿海州（現ロシア）に居住していた満洲族が建てた王朝である。周辺の漢族や蒙古族も支配下に加えた彼らは、明（一三六八〜一六四四）が亡びた直後の混乱に乗じ、万里の長城を越えて、北京を占拠した。清はそれより次第に勢力圏を広げて、遂に中国本土を制圧する。政権の中核を占めたのは、満洲族や服属の早かった他民族（「旗人」と総称する）だったが、彼らだけで広大な中国を支配することはできず、後には中国内地の漢族（「漢人」）を多く官界に迎え入れた。皇帝を頂点とした少数の旗人が、圧倒的に大多数の漢人と妥協して中国を統治するという清代特有の政治状況が、ここに現出する。

このような中で、清代の支配階層は漢人の動向に敏感たらざるを得なかった。とりわけ、知識人（古典学の知識を問う選抜試験の科挙などを通して官僚となる道が開かれた人々）が清朝にどのような思いを抱いているかが、統治者の関心事となる。大規模な文献の編纂など各種の文化事業を起こして漢族の伝統を尊ぶ姿勢を見せて懐柔を図る一方で、反政府的な言説を厳しく糾弾する政策は、清の前期（一七世紀）からしばしば見られたところである。乾隆帝が書籍の調査、続いて『四庫全書』の編纂を命じた動機もそれと関わる、こういった説が根強く唱えられてきた。

もし書物の中に禁忌に触れる文面があったとしても、全く差し支えない。現に命令を下してそれは明確にしてある。たとえ先々書物を送ろうとして、その中にでたらめな語句があっても、留めおいて後人を誤らせるべきではない。そうだとしたら書物を焼き棄て、それがあった家に教え諭してきっと所蔵させないまでのことだ。書物の持ち主とは全く関わりの無いことである。それで罪を加えようとすることがあるはずも無い。地方長官などについては取り次いで送ってくるだけのことで、なおさら関わり合いになることは無いのに、何をまた疑い恐れることがあるのか。

『四庫全書』の編纂が決まった直後、乾隆三十八年（一七七三）三月、進んでいなかった書籍の調査を督促して、乾隆帝が文化的な先進地域で蔵書に富む江蘇・浙江の長官に発した詔より引用した。心配せずに書物を送れ、という言葉から、実は王朝にとって不都合な言論をあぶり出そうとする皇帝の本心とそれを推量して巻き添えになるのを恐れ本の移送を控える官僚の保身が読み取れるのではないか。やがて反体制的な内容が疑われる論著の摘発を励行させる命令が、度々下されるようになる。記録を欠くのでごく不完全な統計に頼らざるを得ないが、『四庫全書』に関わる事業と同時に、政府が全体を焼き棄てた図書（全燬《ぜんき》書）は二四五三種、部分的な改変・削除を施した図書（抽燬《ちゅうき》書）は四〇二種にも及ぶという。

政府にとって不穏当な書物を所蔵・刊行することの禁止、本自体と版木の処分を伴う思想統制は、『四庫全書』の編纂にも影響を及ぼす。この類の書籍について、提要はもちろん作られ

京都大学人文科学研究所所蔵
『景印文淵閣四庫全書』

なかった。また収録の対象となった著録書に関しても、不適切と思しい文言が見られれば、改竄を施して『四庫全書』に収められた（後に禁書とされた例もある）。それらが文化の上で漢族より劣るとされた非漢族への蔑視（「夷狄」等の語）、漢族の王朝への懐旧と受け取れる表現に集中する点は、満洲族の王朝による事業である以上、もっともなことといえる。この点は、『四庫全書』と他のテクストとで同じ文献を比較すれば明らかとなる。

乾隆末年にまで及ぶ、清朝当局による一連の言論弾圧（禁書や筆禍事件）を、「文字《もんじ》の獄」と呼ぶ。『四庫全書』もそれらと深く関わる点は、間違いない。大文化事業という美名の陰で、多数の文献が破却・改変を被った事実は、忘れられるべきではあるまい。しかし、そうかといってこのような負の側面ばかりに着目することも、正しい見方ではなかろう。叢書と解題の作成は書籍の調査を促すための理由付けだったかもしれないが、乾隆帝とその朝廷はそれを口実のままで終わらせなかったからである。

確かに『四庫全書』の編纂には、国家が文教を重んじる姿勢を知識人に印象付ける意味もあったであろう。だが完成したそれ、例えば文淵閣本の影印（注四）だと、およそB五版で上下二段組み、多いもので一〇〇〇頁を超える分厚い本が一五〇〇冊にもなる。図書館の書架にその全冊が並ぶ壮観を見るにつけ、叢書としての空前の規模、そこに含まれる文化的な意味は否定できないと思われる。この文章では政治性を埒外に置いて、『四庫全書』と『四庫全書総目提要』が目録学やその歴史に占める意義を考えたい。

二　編纂の経緯と反響

乾隆三十七年（一七七二）から同四十三年（一七七八）にかけて、『四庫全書』の材料となる書籍が各地より北京の四庫全書館に運ばれた。特に同三十八年（一七七三）、三十九年（一七七四）の移送量が最も多かった。それらは、出所から六種に分類できる。

a　勅撰本《ちょくせんぼん》：勅命による編纂物。
b　内府蔵本《ないふぞうほん》：宮中に存在した図書。
c　永楽大典本：『永楽大典』から復元された文献。
d　各省採進本：地方長官が献納した書籍。
e　私人進献本（家蔵本）：個人から借り受けた蔵書。

f　通行本：世上に流布していた書物。

aとbはもとから宮廷に存在する。集まった書籍で記録に残る分（約一万三〇〇〇種）に限ると、各々全体の一パーセント強、五パーセント強を占める。d以下は外からもたらされた図書で、eは内容を調査した（著録書ならば定本を作った）後、所蔵者に返却することとされた。統計に拠ればfは一パーセント強に過ぎないが、dは六二パーセント、eは二六パーセント以上に達しており、『四庫全書』の編纂と提要の作成が、dとeとに大きく依拠したと分かる。

五一二種、約三・七パーセントを占めるcは、やや特殊な由来を持つ。前節の略年表に挙げた如く、朱筠は国家として図書の解題を編むと共に、失われた文献の復元を建言していた。いったい、書物の歴史とはそれが生み出される一方で、別の本が消えていく過程でもあった。これら失われた書籍（佚書《いっしょ》）を他の典籍に見える引用を輯《あつ》めて、元の姿に近付けようとする作業を、専門用語で「輯佚《しゅういつ》」と呼ぶ。

『四庫全書』の編纂に伴う輯佚で、最大の資料とされたのが、『永楽大典』という類書である。本来は二万二八七七巻を数えた同書は、明の永楽六年（一四〇八）に成った。前近代中国で度々作られた「類書」は、今日の百科事典に当たる。対象となる項目に説明を加える代わりに、先行文献から関連する記述を掲げる形式を、それらは取る。通常の類書は若干の記載を抜粋するのだが、『永楽大典』は明の政府による編纂物だったので、作業の膨大さを厭わずに編まれた。

時には一つの項目に一篇の書物全体を引用するなどしたため、同書は並外れた分量に達した。そうして引かれた文献には、『永楽大典』の完成後に失われてしまう図書も、相当に含まれている。

清は明から『永楽大典』の副本を受け継いだが、保管状況は極めて悪く、消失した巻も少なくない。しかしそれでも乾隆年間には、一万数百巻が残っていた。四庫全書館では、これらを丹念に調べて、永楽大典本と称する輯本《しゅうほん》（輯佚された書籍）が多く作成された。

さて「四庫」という言葉の起源は、唐代（六一八～九〇七）にまで遡る。即ち、開元十九年（七三一）冬の時点で当時の副都洛陽に在った政府の蔵書が「四庫」に置かれていたという故事が伝わる。「四庫」を形作る経庫・史庫・子庫・集庫がそれぞれ経・史・子・集各部の書を収めたことは、想像に難くない（唐の制度を記す『唐会要』巻三十五に拠る）。『四庫全書』『四庫全書総目提要』が収める書籍や解題も、経部から集部の順に配列される。また、各部の下には類と呼ばれる下位分類が存在する（第四節冒頭に掲出）。

そもそも大量の書籍を分類し、それらの定本を作って解題も著すという事業は、中国史に先例を見出し得る。ほとんど散佚したとはいえ、『七略』と『別録』（前一世紀）は、そういった試みの中で編まれた最初の書目と解題だった。これらも劉向ら複数人の手に成ったというが、文献の飛躍的な増大に伴って、『四庫全書』の編纂に関わった者の数は桁違いであった。

紀昀

時期ごとに増減したが、「四庫館臣」と称する編纂者は、通算四七六名に上るという先行研究がある。もっとも事業に箔を付けようと、形式的に加えられた王侯（乾隆帝の皇子三名など）・重臣も、そこには少なからず含まれる。それでも常時、四庫全書館で勤務した者は、多い場合は一九〇名に達したとされる。彼らはみな官僚で、概ね他の業務も抱えていたし、得意の分野も違うから、定本の作成と提要の執筆は分業体制で進められた。中でも最も長く編纂に関わり、実質上の総裁とされるのが、当時の高官で学者の紀昀《きいん》（一七二四〜一八〇五）であった。

四庫館臣には、当時の著名な学者が何人も含まれている。学識を強く自負する彼らが著す提要の草稿には、各人の個性が色濃く出ていた。それを抑えつつ、全体を統一した形にまとめるのも、紀昀たちの重要な職務だった。著録書の原稿や提要をまま目にした乾隆帝も、自ら文献の採否にしばしば介入した。そういった四庫全書館内外の風波に対応しながら、皇帝の信任を頼みとする紀昀の統括下で、『四庫全書』の編纂は続けられた。『四庫全書薈要』、『四庫全書総目提要』の作成と並んで、最初の一揃い（文淵閣本）を一〇年未満で完成させたことは（前節略年表参照）、作業の量を思えば驚嘆に値する。

内容以外で『四庫全書』の際立った特徴といえるのは、閲覧に供することを早くに想定していた点だろう。まず文淵閣本（前節表の1）が、高官と一部のエリート官僚に公開された。北中国にあった文淵閣と文源・文津・文溯三閣（同2、3、4）は、「北四閣」と総称される。乾隆帝は一揃いでは閲覧の需要を満たせないと考えて、『四庫全書』を更に三部複製させ、南方に設けた書庫に配した。併せて「南三閣」という文匯・文宗・文瀾三閣（同5、6、7）が、それである。これら三箇所の蔵書と翰林院所蔵の副本（同＊）は、より広範な「士子」（知識人）に利用を認めた。南三閣が江蘇・浙江に集中するのは、そこが学術の盛んな地域だったことによる。加えて宮中の武英殿では『四庫全書』の中でも珍しい文献（最終的には一三八種）を木活字で継続的に印刷し、少部数を流通させたが、それらは武英殿聚珍版《しゅうちんばん》と称される。

清朝の当局は、『四庫全書』の閲覧と同様に、その書写も認めていた。それらの写された文献が印刷の底本となった例も少なくない。政府による武英殿聚珍版もそうだが、一度は失われたが四庫館臣の復元した永楽大典本など、世間に流通しない、あるいは希少な文献は、度々こういった刊行の対象とされた。ここでは、二つの例を取り上げておこう。

当時の著名な蔵書家である鮑廷博《ほうていはく》（一七二八～一八一四）は、『四庫全書』が編纂される際に政府の慫慂に応じて、七〇〇種を超える貴重な蔵書を、息子の名義で居住地の安徽から供与した（本節冒頭での分類でいうe私人進献本の一例）。彼は書籍を集めるだけではなく、出版にも熱心だった。その彼に人を介して草稿を送って来たのは、四庫館臣の中でも子部の書について手腕を振るった周永年（一七三〇～一七九一）である。『四庫全書』の編纂過程で、周永年たちが『永楽大典』から復元した佚書は、子部に関しても数多い。南朝後期の皇帝、梁の元帝（五〇八～五五四）が著した『金楼子《きんろうし》』も、そこに含まれる。著者の回想や歴史・学術上の見解など内容が雑多な同書は、特に価値を認められず、明代には失われた。

　周永年は『金楼子』を輯佚した草稿を送って、それを刊行してくれるよう鮑廷博に頼んだ。仲介者の文章に拠れば、送付は乾隆四十三年（一七七八）九月以前、即ち『四庫全書』が編まれている最中である。鮑廷博はこれに応えて、同四十六年（一七八一）の十二月には、『金楼子』を出版する手はずを整えた（『知不足斎《ちふそくさい》叢書』本『金楼子』巻末の汪輝祖《おうきそ》「書金楼子」、なおこの叢書には他の経路から入手した別の永楽大典本も収録される）。つまり、『四庫全書』の最初の一揃い（文淵閣本）が完成した頃、その公開より早く（前節略年表）、私的に流出させられた原稿による出版が行われつつあったわけだ。『永楽大典』は第六節で述べる事情で消失した翰林院本『四庫全書』と共にほぼ散佚するので、同書から輯佚された文献を世に残した意義は小さくない。

　これは極端な例だが、『四庫全書』に基づく書籍は、中国国外でも比較的早く現れている。『乾隆四庫全書無板本』と題する叢書が、日本において複数の機関で収蔵が確認される。「無板本」（版木が無い本）というとおり、みな手書きの写本である。中でも国立公文書館内閣文庫所蔵本は『四庫全書』（恐らく文瀾閣本）から写した一一五種の当時は珍しかった文献を収める。中国の業者から、旧蔵者の江戸幕府が入手したらしい。中国ではいま見られないこの叢書は、最も早くは寛政十一年（一七九九）に日本へもたらされた(5)。

編纂の最中、または全体が完成して一〇年程度でこういった出版や写本が現れた点より、『四庫全書』への強い関心（外国人のそれを含む）が窺われる。ただし、ここから多くの人が『四庫全書』を目にしたと考えるのは正しくなかろう。限定付きで『四庫全書』を公にした場所が五つというのは、中国の広さに比してあまりに少ない。また武英殿聚珍版や『乾隆四庫全書無板本』が収める『四庫全書』に由来する文献は、著録書の三乃至四パーセントほどに過ぎない。それらをまとめて所蔵する機関や個人も、ごく稀であったろう。二〇世紀に入ると珍しい書籍が断続的に影印されてきたが(6)、全容の公開開始は実に一九八六年まで遅れる（注四）。

確かに、武英殿聚珍版はその翻刻も刊行されたし、写本の流通も軽視すべきではあるまい。だが『四庫全書』が登場するや、新資料が洪水の如く流布し、学術を一変させるような事態が起こったわけではなさそうだ。『四庫全書』自体よりは、その編纂という事実を知識人が如何に受け取ったか、そこで書籍がどう分類されたか、それらの方が同時代と後世に与えた影響としては重要に思われる。次節からは、提要を通してこのことを考えたい。

三　提要の形式

まず、『四庫全書総目提要』から類が同じ文献二種の提要を挙げる。同書では同じ類の中で著録書・存目書の順に提要を並べる（それぞれの中では文献の成立した順に配列）。

経部三　易類三

『周易《しゅうえき》本義』十二巻　付『重刻周易本義』四巻

（底本は）内府校刊宋本（宮中に所蔵する宋代に印刷された本を校訂したもの）

宋の朱子著。この本は『易』上下二巻、（上下の主要部を解釈する）『十翼』十巻から成る。（明末清初の学者）顧炎武《こえんぶ》（一六一三〜一六八二）は（その学術論文集）『日知録《にっちろく》』で「（明の）洪武《こうぶ》（一三六八〜一三九八）の初め、（『易』などの）五経を全国の官学に頒布し、『易』では程（朱子の先輩学者で『伊川《いせん》易伝』を著した程頤《ていい》）・朱二氏の解釈を（公的に）併せ用いることにし、また両者の注釈書（『伊川易伝』と『周易本義』）を書籍として単行させた。永楽（一四〇三〜一四二四）中に（経書の解釈に政府見解を示した）『五経大全』を編んだ折、朱子の書（『周易本義』）をバラバラにして、程氏の注釈書の後に付し（て『五経大全』に組み入れ）てしまった。それで朱子が校訂した（『周易』の）古い形は、またもや混乱した。例えば……（改められた本の問題点を列挙）。後の学問をする者は程氏の注釈書が繁多なのを嫌い、打ち捨てて読まず、専ら（『易』の注として）『周易本義』を使った。しかし『五経大全』に収めるその本は、朝廷の頒布したものだから、改めようとはせず、明代の中央官立学校が出した程氏・朱子の注釈書も、（『伊川易伝』に見える）程氏の注釈を削りながら、程氏の排列を、朱子の排列だとしている」という。……（版本の説明が続く）。しかし『周易本義』をバラバラにして、程氏の注釈書の後に付したのは、宋の董楷《とうかい》（一二一六〜?）が既にそうしており、永楽に始まるわけではない「董楷『周易伝義附録』の提要に詳しい」。この書は（南宋の）咸淳《かんじゅん》元年（一二六五）に九江（現江西省）の呉革《ごかく》が刊行した。宮中で蔵するのは宋刊本を模して印刷したものだ。……また「雑卦《ざっか》伝」の「咸速也恒久也」について、今（通行する明代以降の）本は「咸速恒久」の四字を注とする。読者は「恒」（の意味を説明する注に同じく「恒」とあること）を不審に思ってきた。この（宮中所蔵の）本で調べると、（注に）「感速常久」と（「恒」の意味は「常」だと）ある。後人が刊行の際に誤ったもので、（宮中の書は）実に筋目の正しい本というわけだ。……（そうではあるが異同は昔からあり、現に通行している本をにわかには改めにくいし経書の）奥深い意義に、そもそも反するわけでもなく、（朱子が定めたものと異なる）篇章の構成も、その立派な趣旨をひどく損なうものではない。従って『周易本義』をバラ

バラにした過ちを明らかにし、原本に付して、参考に供する。（『四庫全書総目提要』巻三）

経部九　易類存目三

『周易通義』十四巻

（底本は）浙江巡《じゅん》撫《ぶ》採進本（浙江省の長官が提出した本）

国朝（清）の方葇如《ほうじゅうじょ》（一六七六〜一七二三）著。葇如、字《あざな》は葯房《やくぼう》。淳安《じゅんあん》（現浙江省）の人。

この書はすべて（『論語』など）四書の中の語句を使って、『易』の内容を意味づけ（説明す）る。昔はこのような形式は無く、（それは）ただ新奇さを示すだけで、経書の趣旨を知るのに役立たない。（同巻九）

［　］は原注、（　）は筆者による補足を示す。……で省略した箇所を除いても、著録書のそれの方が長いなど、提要の長短には差がある。最初に書名と巻数、基づくテクストを示し、次に作者を挙げる点は異ならない。前者では朱子、即ち南宋（一一二七〜一二七六）の朱熹《しゅき》があまりに著名なので省かれるが、編・著者の紹介を記すのが、提要では通例とされる。次に書籍自体に触れるが、いま『周易本義』について見てみる。

同じ『易経』（『周易』）であっても、編成の異なる本が並行して読まれてきた。「程頤と朱熹は自説でもって編成を定めて注釈を施し、それぞれ『伊川易伝』、『周易本義』を著した。だが明代に『五経大全』が編まれた際、両者はその中に混合・収録されたが、排列は『伊川易伝』に基づいた。後に、『周易本義』がそこから取り出されて単独で流布した時も、やはり排列は程頤の説のままで朱熹の原型は失われた」。

提要は顧炎武のこう要約される説を引きつつ、実はより古く董楷なる人物が『周易本義』の構成を『伊川易伝』によって改めたと、修正を加える。その上で清の宮中に所蔵される元の形を留めた『周易本義』に従って定本を作ったが、乱れた排列の本も長く通行してきたので、付録として共に収めた、と述べる。『周易通義』を「役立たない」と否定したように、提要は多くの場合、書籍の評価にも説き及ぶが、『周易本義』ではそこに踏み込まない。

これら二例が示す如く、関心を共有しない者からすると、無味乾燥な解説で『四庫全書』の提要は埋め尽くされる。また膨大な記述の中には、問題点も相応に散見する。「はじめに」で名を挙げた余嘉錫氏は、約五〇〇件の提要について誤謬・不足を糾された。(7) 後に類似の考証が、幾つも著されている。現代の読者が殊に無用と思うのは、『周易本義』の提要に見えるようなテクストの説明かもしれない。ただし、当時において事態はやや異なっていた。

集部二十五　別集類二十五

『小弁斎偶存《しょうべんさいぐうそん》』八巻　付『事定録《じていろく》』三巻
（底本は）両江総督採進本（江蘇・安徽・江西三省を統轄する長官が提出した本）
明の顧允成《こいんせい》（一五五四～一六〇七）著。……末尾に『事定録』（顧允成の伝記資料）三巻を付す。……（『四庫全書総目提要』巻百七十二）

『小弁斎偶存』は顧允成の詩文集で、文淵閣本『四庫全書』が本文と共に収めた提要にも、同じ記述が見える。ところが文津閣本の提要は、ここに引いた一節を欠く。更に内容を確かめると、提要が付録に言及する文淵閣本には実は付録が無く、それに触れない文津閣本は『事定録』を含んでいる。こういった事態は、何ゆえ起ったのか。今まで述べなかった事実――『四庫全書』は八セットの全てが手書きで作られた――がそこに大きく関わる。数え方にもよるが、一セットはおよそ三万六〇〇〇冊、二三〇万葉（頁）、一〇億字から成る。

定本と提要の作成は当然として、これの書写が途方も無い作業といえる。国家事業だから八部も作れた、あるいは国家の力でも八部が限界だった、というべきかもしれない。

早くに印刷術を実用化した中国で、この時期になぜ手書きで巨大な叢書が作られたのか。版木の製作・保管、印刷の手間を避けることも一因だろうが、写本ならば修訂（差し替え）が簡単だという点は主要な理由と思われる。かくして、延べ四〇〇〇名程度の人員（官界に地位を得られない知識人を募集・雇用）が校正・筆写に投入された。頁ごとの行数・字数や字体に統一を図り、誤字が多い者には罰として更に作業を課すなど、『四庫全書』の書写には厳密な規則が定められていた。だが手作業である以上、誤りは避け難く、修訂を重ねたこともあって、『小弁斎偶存』のように字句どころか内容にも異同を生じる事態が生じた。

文献の定本を作ろうとした『四庫全書』の事業が、結果的に異なる複数の写本を新しく生み出したのは、誠に皮肉な現象といえる。だが、このことは書物が原本そのままには伝わり難い事実を、逆説的に示唆する。写本に完全な複製はあり得ないが、刊本（印刷された本）でもそれは等しい。著作権・版権や言論の自由といった観念が徹底し、校正・印刷の技術が発達した現代からは想像できないほど、前近代の書籍には改変（『四庫全書』における改竄は先に述べた）や誤脱が付き物であった。そうであればこそ『周易本義』の例に顕著だが、『四庫全書』の提要はテクスト間の異同に、しばしば言葉を費やしたのである。

本を読む際に著者や時代などの来歴を知ろうという望みは、ごく自然な心情であろう。加えて、ある書物に如何なる刊本・写本が存するかは、前近代の知識人が真剣な読書を志す際に不可欠の情報だった。そのような意味で、来歴と並んでテクストに触れる『四庫全書』の提要は、解説であると共に、読書指南の機能も有した点を押さえておきたい。

四　分類の様相

『四庫全書』が四部分類に則っていることは、前々節で言及した。部の下には次に列挙する類(四四)、うち三分の一強(一五)により細かい属という下位分類が設けられる。

経部：易、書、詩、礼、春秋、孝経、五経総義、四書、楽《がく》(雅楽)、小学(言語学)

史部：正史、編年、紀事本末(事跡を中心とした歴史記述)、別史(前三種に入らないが体裁の整った史書)、雑史(体裁の整わない史書)、詔令奏議(詔勅・上奏文)、伝記、史鈔《ししょう》(史書の抜粋)、載記《さいき》(地方政権の事跡)、時令《じれい》(年中行事)、地理、職官《しょっかん》(官職)、政書(制度)、目録、史評(歴史に関する評論)

子部：儒家、兵家、法家、農家、医家、天文算法、術数、芸術、譜録(図録の類)、雑家、類書(文献の引用から成る一種の百科事典)、小説家、釈家《しゃっか》(仏教)、道家

集部：楚辞《そじ》、別集(個人の詩文集)、総集(複数人の詩文)、詩文評(批評)、詞曲《しきょく》

七世紀前半の『隋書』「経籍志」も、四部の下に合計四〇の細目を設けている(四部の外に仏経・道経が位置する)。数だけだと、『四庫全書』の類とごく近い。『四庫全書』が伝統的な四部の枠組みを堅持したことは、経・史・子・集の各部で色が異なる著録書の表紙(各々緑、赤、青、

茶）にも象徴される。ただ四部分類の歴史は、「経籍志」から数えても『四庫全書』まで一一〇〇年を超え、そこには当然だが変化も見られる。

周王朝が衰えたその末年（前五世紀から前三世紀）、百家争鳴し、主張を立てて書物を著し、各々流派を作ったものは「漢書芸文志《げいもんし》」に列挙されている。（中には）その学が伝わらないものがあり、名声が無く後を継ごうという者が出ないものもある。従って絶えたもの、続いたものの差があり、おしなべて目録に挙げることはできないが、後人は旧套にしがみつく。それで墨家には『墨子』・『晏子《あんし》春秋』二書だけ、名家（論理学派）は『公孫龍子』・『尹文子《いんぶんし》』・『人物志』だけ、縦横家（外交家）は『鬼谷子《きこくし》』一書だけなのに、やはり（目録では）別に部立てを設け、一派（の学）と見做している。これは（昔からの）部立てにこだわったための誤りである。黄虞稷《こうぐしょく》（一六二九～一六九一）『千頃堂《せんけいどう》書目』は（書物が）ほんのわずかで類を成し得ないものをまとめて雑家に入れている。「雑」の意味は広く、包み込まないものは無い。班固（三二～九二）が（彼の「芸文志」で）「（雑家の雑とは）儒家・墨家を合わせ、名家・法家を兼ねる」といったものだ。変化して適切なところに落ち着いた、よい先例なので、いまその説による。（『四庫全書総目提要』巻百十七　子部二十七）

『四庫全書総目提要』は四つの部の序（総叙）以外に、四四の類それぞれの小序（「はじめに」参照）を含む。ここに挙げたのは、雑家類の小序である。前々節で挙げた『金楼子』が雑駁さゆえにそこの雑学之属に含まれたように、雑家はこういったものだと定義し難い書物を置く場としての側面を持つ。ただ見方を変えれば、それは包容力に富むといえなくも無い（本書「子部の分類について」）。この雑家と共に、墨家・名家・縦横家は一世紀の『漢書』「芸文志」では独立した学派として、「諸子略」で個別の位置を占めていた。

その後、この三家の流れは早くに途絶える。だが、書籍は現れなくても、目録の上で部立ては存在し続けた。一七世紀後半の『千頃堂書目』に至って、ようやくそこに変化が起こる。三つの分類は消え、『墨子』などは融通の利く雑家に編入された。『四庫全書』はこれを踏襲したのだが、欽定の権威で後の書目に大きく影響を及ぼす。

墨家などの分類が改められたのは、時代に伴う分野の消長による。集部でも、類似の例が見られる。本節冒頭で列挙した類の最後に見える詞曲という部立ての設置が、それである。「詞曲」とは詞《ツー》（詩とは別種の韻文で宋代から流行）と曲（歌唱から発した文学の一領域）を指す。中国の古典演劇は全て歌劇であって、芝居を戯曲と呼ぶのもそれによる。ジャンルとして後発の両者は、書目への登載も遅かった。公的な目録として初めて、『四庫全書総目提要』が詞、更には曲に位置を与えたのは画期的な出来事だった。

だが詞曲類の中身を見渡すと、やや奇妙な点もある。扱われる多くもない文献のうち、特に曲は著録書が三種、存目書は八種に止まる。殊に注目されるのは、前者は批評書と曲を作る際の韻律に関する参考書を収めるのみで、肝心の実作を含まない。これは曲が詞より白話《はくわ》（口語に近い文体・語彙）を多用し、文言《ぶんげん》（所謂「漢文」、詩や文章で使われる文語）との距離が大きいためだろう（著録される批評書などは文言で記される）。

それでは、曲以上に俗語が主体の白話小説はどうなるのか。『四庫全書総目提要』は子部に小説家類を設けるが、そこに含まれるのは文言の小説（例えば芥川龍之介の翻案で有名な「杜子春伝」を収める書物など）ばかりで、白話の作品は一つも見えない。つまり、一万種強の文献を取り上げながら、同書には『西遊記』や『水滸伝』の名は全く現れない。日本でも知名度の高い作品が除外される点は、意外と思われるかもしれない。だが知識人がこれらを無視していたかといえば、それは正しくない。

> 呉雲巌《ごうんがん》の家で扶乩《ふけい》をしていると、（降りてきた）霊が「邱長春《きゅうちょうしゅん》」と名乗った。ある座客が「『西遊記』はあなた様が書かれたものですか……」。答えていわく「そうだ」。更に尋ねた、「元《げん》（後に中国全土を支配するモンゴルの時代）の初めにお書きになったわけですが、祭賽《さいさい》国の錦衣衛《きんいい》、朱紫国の司礼《しれい》監、滅法国の東城兵馬司、唐の太宗の大学士、翰林院中書

科（祭賽国以下の三国は『西遊記』の中で三蔵法師一行が立ち寄った架空の国の名。太宗は同じ作品の設定で三蔵を天竺に派遣した皇帝）が、みな明代の官職なのは、どうしたわけですか」。扶乩の筆は動かず、再び尋ねても、もう答えなかった。自身の言葉に窮して逃げ去ったものだろう。つまり『西遊記』は明代の人の作品で、（邱処機の作品というのは）間違いなく仮託である。（『閲微草堂《えつびそうどう》筆記』巻九）

後述の理由もあって、白話小説には往々にして作者の実名が記されない。一六世紀に現在の形が整った『西遊記』の古い刊本にも、著者の名は見えない。そこで、著名な道士の長春真人こと邱処機《きゅうしょき》（一一四八～一二二七）などが作者と噂されていた。ここには扶乩（降霊術、こっくりさん）で現れた著者を自称する彼の霊を、『西遊記』に当人より後、一四世紀以降の明の官職が出てくると言ってやり込める逸話を挙げた。注目すべきは、これを呉鴻《ごこう》（字は雲巌）にとって官界の後輩だった紀昀が自著の『閲微草堂筆記』に書き留めた点だろう。

『四庫全書』の実質的な総責任者で、当代一流の学者である彼も俗語の作品やその来歴（書目ならば記すべき作者など）に興味を持っていたことが、ここから分かる。知識人の多くが白話小説や曲の書を手に取り、中には作り手となる者もいた。それにも関わらず、この種の作品への愛好が公言されにくかった理由は、次の一文に尽きる。「詞・曲の二つの文体は文章と技芸の間にある」（『四庫全書総目提要』巻百九十八・詞曲類・小序）。

口語に近い文体、「技芸」（わざ・技術）とも見做される内容、これが公的な書目に曲がなかなか載せられず、白話小説が『四庫全書総目提要』以降も前近代の目録学で無視された原因である。白話小説が作者の名を明記しないのも、「文章」（文学）ならざる娯楽として建前上、軽視されたためであろう。先述した墨家などの書の雑家への編入、曲に関する書籍を取り上げた点は、四庫館臣の伝統に固執しない柔軟性を示していよう。だが、その一方で曲の実作を著録せず、白話小説を俎上に載せなかった点は、文化（学問）と非文化（娯楽）の境界線を死守する彼らの態度、ひいては『四庫全書』の在り方を象徴すると思われる。

五　編纂を可能にしたもの――清朝考証学

『四庫全書』の編纂は、清のなお豊かな国力があって初めて可能な大事業であった。ただ財力だけでは、学問上の水準は確保できなかったと思しい。それを根底で支えた当時の考証を主とする学問と『四庫全書』との関係を本節で探ってみたい。確かに考証、即ちあれこれと証拠を引いて（悪く言えば博識を気取って）、物事を説明することは古くから知識人の習い性だが、清代のそれには新たな側面も見られた。

蕭山《しょうざん》（現浙江省）の毛大可（清代初期の学者毛奇齢《もうきれい》）は（元・陶宗儀《とうそうぎ》）『輟耕録《てっこうろく》』（巻十）に「長春真人西遊記」とあるので（『西遊記』は）邱処機が著したと考えた。（銭大昕《せんたいきん》『潜研堂《せんけんどう》文集』巻二十九「跋長春真人西遊記」）

銭大昕（一七二八～一八〇四）と毛奇齢（一六二三～一七一六）は共に清代の著名な学者である。前者は、明代の末期に生まれた後者の説を引く。それに拠れば、毛奇齢は前節で触れた『西遊記』の作者を、『輟耕録』（一三六六年成立）という文献を根拠に、長春真人（邱処機）と断定した。ところが前節で見た降霊術の逸話では、彼よりも後の官名が幾つも出てくることから、この説には疑いの目が向けられていた。そして、銭大昕も同じ文章でこう述べる。

『長春真人西遊記』二巻、（邱処機の）弟子の李志常が西域での道中のことを書いたもので、なかなか考証に役立つ。だが世に伝わる本が少なく、私は『道蔵《どうぞう》』から初めて写すことができた。通俗の小説、唐の三蔵法師の『西遊記』は明の人が作ったものである。（「跋長春真人西遊記」）

邱処機が遠征中のチンギス・カン（一一六二〜一二二七）に招かれ、山東から遥か西方の現アフガニスタンに赴き、チンギスに謁見した（一二二二）、旅行の記録がここにいう本で、小説と関係は無く、作者も随行した門人だった。つまり、『輟耕録』が記す「長春真人西遊記」は「長春真人が書いた『西遊記』」ならぬ、「長春真人の旅を記録した『西遊記』」であった。この旅行記は、『道蔵』（道教経典の大全集）から再発見されるまで、あまり流布しなかった。思うに、二つの『西遊記』が混同され、やがて同名異書と分かったこの過程に当時における考証の特徴が見られる。証拠に基づいて考えるから「考証之学」、「考拠之学」、また素朴（着実）さを標榜したことで「樸学《ぼくがく》」とも称される「清朝考証学」の特徴は、次の三点に要約できる。

Ⅰ　文献・文物から確実かつ複数の証拠を探索。

Ⅱ　広範な知識を駆使。

Ⅲ　経書の正しい解釈、史実の論理的な実証を目指す。

『長春真人西遊記』を提示した銭大昕はもとより、結論を誤った毛奇齢も文献に基づいて論を立てた。『西遊記』に見える官職の名称複数を挙げて毛奇齢の説の矛盾を突く手法と併せて、これらはⅠに当てはまる。次に、官制もそうだが、やはり小説とは縁遠く見える道教経典から確かな根拠を得た点は、Ⅱに関わる。更に銭大昕が邱処機作者説を否定したのは、歴史地理研究の上での『長春真人西遊記』の有用性を述べるためで、それはⅢにいう考証の目的に適う。

戴　震

著名な考証学者としては早くに顧炎武（第三節に引く『周易本義』の提要に見える）らが、最盛期の乾隆年間には銭大昕たちが現れた。その銭大昕と科挙及第の同期（一七五四）で、「南銭北紀」と併称される学者が紀昀（二人の郷里は現江蘇、河北で南北に隔たる）である。銭大昕は含まれないが、紀昀や朱筠（第一節）、周永年（第二節）など、四庫館臣には考証学の徒やその理解者が少なくなかった。考証学の手法は、一七・八世紀中国の学術に飛躍的な発展をもたらす。しかし、そこに至るためには、乗り越えるべき大きな権威があった。紀昀の推挙で『四庫全書』の編纂に参加した代表的な考証学者の戴震《たいしん》（一七二三〜一七七七）に関する逸話を引いておこう。

（戴震が子供の頃、初等教育を授ける塾で）『大学章句』（朱熹による『大学』の注釈書）の「右は経一章」（ここは孔子の言葉という意味）以下を（先生が）講じた。（戴震は）その先生に尋ねて「これはどうして孔子の言葉であり、曾子《そうし》がそれを述べたと分かるのですか。またどうして曾子の考えを弟子が記したと分かるのですか」と言った。先生はこれに答えて「それは昔の学者朱子先生が注でそういわれたのだ」と言った。そこで「朱子先生はいつの人ですか」と尋ねた。「南宋だ」。また「孔子・曾子はいつの人ですか」と尋ねた。「東周だ」。また「周は宋から遡って、どれくらいですか」と尋ねた。「二千年に近い」。また「それでは朱子先生はどうして（孔子の言葉を曾子が述べ、弟子が記したと）分かったのですか」と尋ねた。先生は答えられず、たいしたものと思った。（洪榜《こうぼう》『初堂遺稿』「戴先生行状」）

弟子が著したこの伝記に拠れば、少年時代の戴震は、孔子（前五五一～四七九）より遥か後の朱子こと朱熹（一一三〇～一二〇〇）がなぜ四書の一つ『大学』の作者は曾子（孔子の弟子の曾参《そうしん》）と分かったのか、と尋ねた。『大学』には著者の名は記されていないのに、人々がその説を信じて疑わない理由は、南宋前期に朱子学を開き、思弁哲学としての儒教の一派「宋学」を大成した朱熹の権威に在る。明清を通じて、朱子学は政府公認の学問（官学）であり続けた。

四庫館臣も清朝の官僚だから、朱子学の権威を尊ぶ姿勢は崩さない。提要が朱熹の『周易本義』に批判どころか、一切の価値判断を示さない点（第三節）にも、それは窺える。だが、「朱子先生」（原文は敬称の子を重ねた「子朱子」）とまで尊称される人物の説でも、証拠を欠く以上、信を置きかねる。戴震らはかく朱熹の権威をも絶対視せずに、考証を展開した。

経部三十三　五経総義類

『七経《しちけい》孟子考文補遺《こうぶんほい》』百九十九巻

浙江汪啓叔家蔵本（浙江の著名な蔵書家である汪啓叔《おうけいしゅく》が提供した蔵書が底本）

原本は西条掌書記山井鼎撰、東都講官物観校勘と題する（東都は江戸）。その序文を詳しく読むと、恐らく鼎がまず考文を作り、観が不足を補ったようだ。二人は共にどこの者か分からない。印刷の様式・紙を調べると、恐らく日本国で刊行したものだ。……（易経、書経、詩経、左伝、礼記、論語、孝経の七経と孟子を扱う部分から成ること、書中の記述からかの国の足利学校に経書の中国で散佚した古いテクストがあると分かり、それらの字句でより遅い通行本と異なる箇所が、時には中国に残る古い引用と一致する場合もあると叙述）……（『四庫全書総目提要』巻三十三）

山井鼎《やまのいかなえ》（一六九〇〜一七二八）は西条藩（現愛媛県）の藩儒（掌書記《しょうしょき》）、物観こと荻生北渓《ほっけい》（一六七三〜一七五四）は江戸幕府の儒官（講官）で姓は物部、名は観、共に江戸時代の学者である。鼎は荻生徂徠（北渓の兄）の門下だが、中世の高等教育機関である足利学校（栃木県足利市に遺構等が現存）に伝わる経書を当時、通行した刊本と比べて、その異同をまとめるも間も無く病没した。徳川吉宗（八代将軍）はこの作業を知って、北渓に補訂を命じる。こうして完成した書物は、吉宗の命で長崎から清に送られた。それが日本人の著述として唯一、『四庫全書』に収められた『七経孟子考文補遺』である。

考証学は証拠を重んじる学術思潮だが、経書を論じる場合、その証拠は経書が成った頃により近い時期、殊に漢代（前二〇六〜後二二〇）の資料が望ましいとされる。「宋学」に対して、考証学を「漢学」とも呼ぶ所以である（日本で中国学を指す「漢学」ではない）。朱熹の校訂した経書（『周易本義』など）に満足し切らず、漢代までは遡らないがより古い形態を伝える山井鼎の著作に注目したのは、四庫館臣の中核が「漢学」の徒であればこそといえる。

権威は認めるが、宋学一色に染まらない四庫館臣の見解は、『四庫全書』の中に散見する。外国人の業績への着目はその一例だが、それは東洋人に限定されるわけでもなかった。

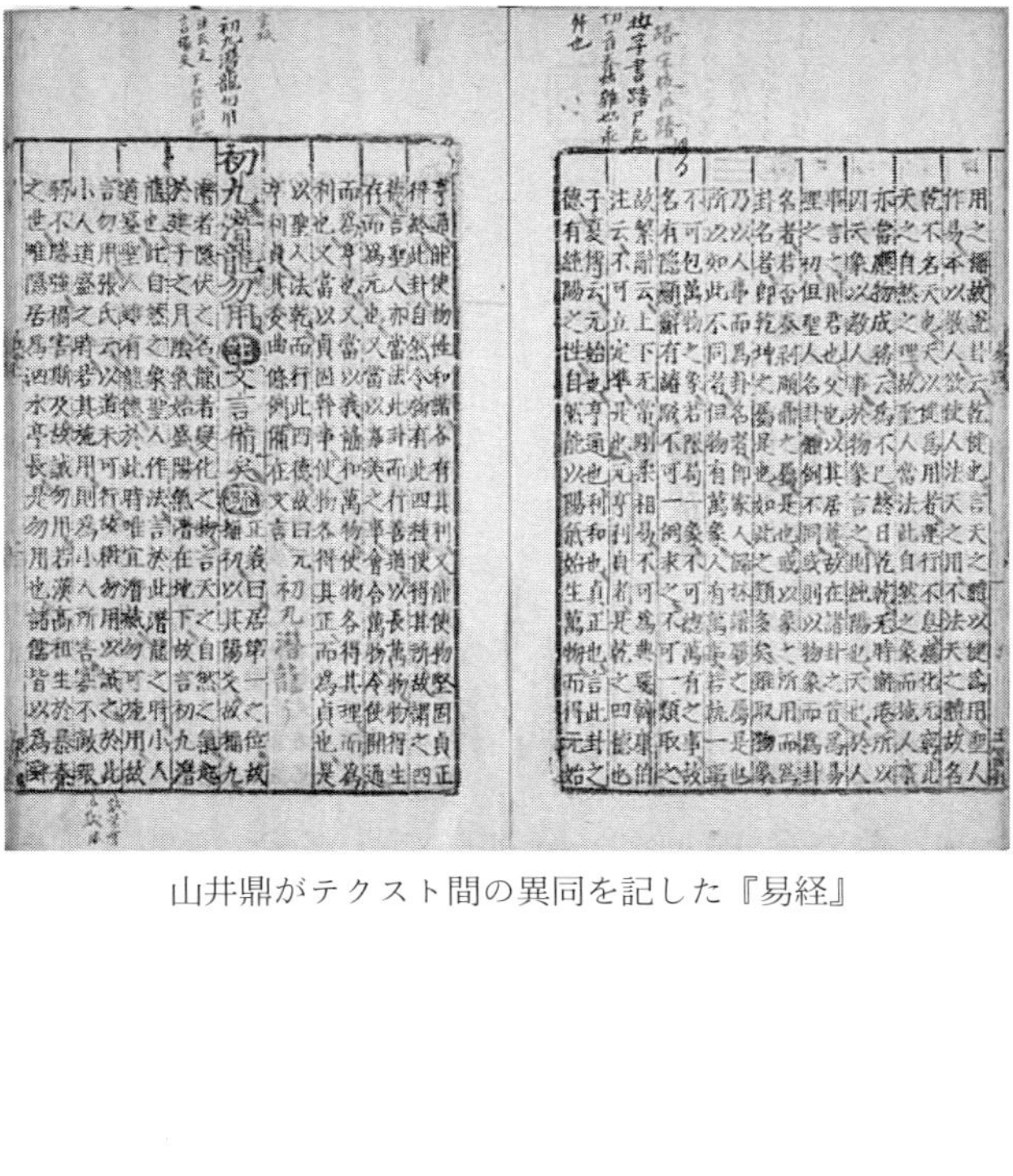

山井鼎がテクスト間の異同を記した『易経』

子部十六　天文算法類一
『周《しゅう》髀《ひ》算経《さんけい》』二巻　『音義』一巻
永楽大典本

……明の万暦《ばんれき》（一五七三〜一六二〇）年間、欧州人が中国に入って来て、（天文学に）初めて新しい手法を開き、精細と称された。（だがその地球球形説や南北・東西で昼夜が交代する説は、『周髀算経』にも記される）……（李之藻《りしそう》が西洋の流儀で天体を観測した結果は『周髀』の内容に等しく、）彼の『新法暦書』は、第谷《ディーグー》（Tycho の音訳）以前の西洋の説で（地球の公転周期は）三六五と四分の一日なので、四年ごとに端数で一日を成すというと述べるが、やはり『周髀』が述べる三六五日（の年）が三度あれば、三六六日は一度ということだ。西洋の説が『周髀』に由来する、これらは全てその明確な証拠だ。ただ後になれば観測が積み重なって、範囲が更に広く更に緻密になるだけだ。……（『四庫全書総目提要』巻百六）

『四庫全書』の提要は無記名なので誰が担当したか、普通は分からない。だが、この古代の天文・数学の書である『周髀算経』については、後に民間で刊行された叢書（『算経十種』）から執筆者は戴震と分かる。明代に来訪した欧州人キリスト教宣教師によって、中国に西洋の天文学が伝わった。李之藻（一五七一〜一六三〇）は当時の官僚だが、自著の『新法暦書』でこれらの学説を新たな知見として紹介した。それに対して、戴震は批判を加える。

「公転周期の端数より太陽暦で四年ごとに閏年を置く必要性は、ティコ・ブラーエ Tycho Brahe（一五四六〜一六〇一）より早く、『周髀算経』が既に論じた」。戴震がこう述べるのは、中国天文学の先進性を説かんがためである。だが、中国語の文献によるとはいえ、西洋人の学説（ティコはデンマークの貴族・天文学者）も参照した点は、広く証拠を求める考証学の在り方にも通じよう。理科系の学問にも強かったが、戴震の本領は経学（儒教文献）に在った。それでも清のカトリック禁圧（一七二三）後、教会の伝えた知識が忘れられかけた時期にそこまで目配りすることは、彼の旺盛な知的好奇心を示す。その一方で、中国で絶大な力を持つ思想が、『四庫全書』で周縁に押しやられたかに見える例もある。

……（子部は儒家から小説家までを含むが）それらとは別の教説として釈家（仏教）があり、道家（老荘思想や道教）がある。……（『四庫全書総目提要』巻九十一）

子部の総叙（前書き）から引用した。『四庫全書総目提要』の釈家類では仏教関連の史書、道家類では『老子』、『荘子』等が扱われるが、共に純粋な経典は一篇も取り上げられない。公的な書目では『隋書』「経籍志」（七世紀）が仏教・道教の経典を四部の外に置いたし、『旧唐書《くとうじょ》』

「経籍志」(一〇世紀)以降は、これらを収めないのが通例となった。収録すれば、量の多さで子部が極度に肥大化しかねないための処置と思われる。四庫館臣が宗教書を不採録としたのも、この伝統に則ったからである。だが、長い歴史を持つ仏教・道教を「別教」(別の教説)と呼ぶ点には、儒教と鼎立するそれらを棚上げにした気味が感じられなくも無い。

反体制的な言辞は当然ながら(第一節)、俗語の文献(第四節)、そして仏教・道教の経典など、『四庫全書』から排除された文献は少ないとはいえない。しかし、ごく稀な例だが、国外の学術も参考にしたことを典型に、極めて広範な知識を結集しようとした意志は、一方で確かに感じられる。言い換えると、従来の中国文化を一個の体系として総括する意図があったものと思われる。確実な証拠に裏打ちされた提要の高い水準と相俟って、多くの書籍に居場所を与えた意味で、考証学の『四庫全書』への影響は甚だ大きい。

六　四部分類の終焉

『四庫全書』が中国文化を総括するものだったとして、その体系はどれほど有効に機能したか。実をいえば、体系を揺るがす動きは、清朝の衰退に関わって早々に現れた。国内での大きな原因は人口の増大、耕地拡大の頭打ち、農業に代わる産業の未発達であろう。それらは、乾

乾隆帝と英国使節団（使節団出発時の風刺画）

隆末年から顕在化することになる。

　あくまでも推計だが一七世紀末に約一億五〇〇〇万人だった中国の総人口は、一八世紀末（乾隆末期）に三億人程度という嘗て無い規模に膨らんでいた。政治の安定、ジャガイモなど救荒作物の普及が、その主な要因である。人口は清の隆盛を支えた生産力だったわけだが、今度はそれが社会の重荷となる。加えて、対外的な問題も同時期に生じた。

　英国の外交官マカートニー George Macartney（一七三七〜一八〇六）たちが中国に来て、熱河離宮で避暑中の乾隆帝（時に数えで八三歳）に謁見したのは、一七九三（乾隆五十八）年のことだった。北京に英国の出先機関を設けるなど、正式な外交関係を樹立しようとした彼ら使節団は、すぐに清と衝突する。皇帝に目通りする際の三《さん》跪《き》九《きゅう》叩《こう》頭《とう》の礼（ひざまずいて三たび床に手を着いて頭をすりつけ、これを三回繰り返す）を拒否したのだ。結局は双方に何らかの妥協があって、乾隆帝はマカートニーを引見したが、清は外交交渉を拒んだ。中国の皇帝は遠方からの朝貢を受けるのみ、対等の関係などあり得ないという通念による。

いささか象徴的に思えるのは、清が英国の要請を退けた熱河離宮に文津閣本『四庫全書』が所蔵されていたことである。完成して間も無い、前近代中国の知を集約した叢書のすぐ近くで、それと相容れない西洋近代の概念に基づく要求が中国に突き付けられていた。やがて退位し上皇となった乾隆帝が世を去った（一七九九）後、内憂外患が相続く。

アヘン戦争（一八四〇～一八四二）：アヘン禁輸をめぐって英国と戦い敗北。

アロー戦争（一八五六～一八六〇）：やはりアヘン禁輸をめぐって英仏と戦い敗北。

太平天国の乱（一八五一～一八六四）：キリスト教を旗印とした全国規模の反乱。

義和団事件（一九〇〇）：外国人排斥を唱える暴徒を外国軍が北京に入城し鎮圧。

やはり象徴的なことだが、第一節の表に示したとおり、これら内憂外患の度に『四庫全書』（文匯・文源・文宗・文瀾四閣と翰林院の蔵書）は救い難い破壊を被る。抜本的な政治改革、マカートニーの時とは異なり中国を凌ぐ力を得た諸外国への対応、共に『四庫全書』が示す伝統的な学術では対処できないことを嘲笑うかのような事態であった。清代末期、そのごく一部とはいえ例外的に『四庫全書』を批判した法学者の沈家本《しんかほん》（一八四〇～一九一三）はこう述べる。

> 紀文達（文達は紀昀の諡《おくりな》）は『四庫全書』を編纂したが、（『四庫全書総目提要』巻八十二 史部・）政書類・法令之属に（法律書を著録書として）二部収め、存目に五部（だけ）収める。

その按語に「刑罰は国運隆盛な時代でも無くすことはできないが、また隆盛な時代に尊ぶものでもない。ほんのあらましだけ（法律書を）採り、完全は求めない」とある。いったい『四庫（全書）総目（提要）』は、勅命を奉じて作られた書だから、天下の趨勢の見習うところで、いま上でこのような論を始めれば、下の者が風に靡くようにこれに従い、こうして法学は日々衰えたのだ。（『寄簃文存《きいぶんそん》』巻三「法学盛衰説」）

儒教が掲げる徳治主義を背景に、刑罰を重んじないというのは、聞こえのよい言葉だろう。だが、法を小手先の技術と否定した先には、場当りな統治が横行する。法治の理念を基本とする西洋近代と向き合うには、こういった旧来の通念を打ち破る必要がある。ここに挙げた沈家本の批判は、このような見解に起因する。外交や法律が相応な位置を得ないなど、時代に即応できない四部分類のみならず、伝統的な目録学にも限界が指摘される。

なお、目録学ということについて多少老婆心から申し上げますと、やっぱり私は、目録学は必要な技術ではあるけれども、あまり深入りすると、ちょっと弊害を生むと思うんですがね。一つは、本の名前を眺めとっただけで、わしは万巻の書を読んだというような気持になりやすいということです。……もう一つは、こういう誘惑が訪れます。それは現存する本じゃなしに、ちょびっとしか断片の残っていない本に対する興味ですね。そういう本を佚書と申します。……ちゃんと残っていて首尾完備している、つまり著者の気持を完全に読める本よりも、断片だけ残っている本に興味を引かれやすいという病気が起ります。（「事柄の学問と言葉の学問」(8)）

中国文学研究者の吉川幸次郎（一九〇四〜一九八〇）の講演（一九六六）より一部を引いた。書目を見ることを読書と錯覚する向きへの警告と共に、佚書を有難がる傾向に対する批判が見える。目録、特に簡略な情報だけを羅列する書目だと、書籍の重要度や相互の関係は判然としない。往々にして、見る者が物珍しさを感じるばかりに、知名度の低い書籍へ過度に興味を覚える弊害も起こる。書目のみを学術史の資料とする際の致命的な欠陥である。

中華民国の興った（一九一二）後、十進分類による「中国図書分類法」が現れる（一九二八）。今日の中国語圏でもそれを基盤にした形で、書籍は分類される。王朝という体制と四部分類が近い時期に姿を消したことは偶然ではない。旧来の学術を映し出す分類法が前近代と共に消えるのは当然であり、『四庫全書』は結果的にその最後を飾ることとなった。

七　おわりに――目録学のゆくえ

新しく生み出される書籍を意味付ける手法として、四部分類は二〇世紀の前半にその役割を終えた。だが、それはこの分類法が次代に向けて何も生み出さなかったことを示すものではない。『四庫全書』の周辺には、新たな時代への胎動が見られる。

紀昀を例に取ってみよう。当時の名立たる学者の中で、例外的に彼は自身の著作をほぼ残さなかった。経部・史部に属する学術書はもとより、詩文を収める作品集（集部でいう別集）を編むことも無かった（後人が編纂した著述はある）。これだけだと、『四庫全書』の事業で力を使い果たしたからといえるかもしれない。しかし一つだけ、自らが編んだ書物が伝わる。第四節で引いた降霊術の逸話のような、奇談・逸事を集めた『閲微草堂筆記』がそれである。

『閲微草堂筆記』は、四部分類だと子部・小説家類に属することになる。白話でこそないが、「小説」の語にはそれを卑小と貶めるニュアンスが付きまとう。二四巻から成る同書の著述に晩年の紀昀は力を注いだが、次の言葉と比べ合わせると、それはどう捉えられるか。

子部五十三　小説家類存目一

『燕丹子《えんたんし》』三巻

永楽大典本

（太子丹の事跡で）信じられるものは『史記』に見えており、その他は多くでたらめで信じられず、全く取るに足りない。謹んで天子の教えに従い奉り、存目に入れる。（『四庫全書総目提要』巻百四十三）

戦国時代・燕の太子丹（?〜前二二六）は秦王（後の始皇帝）を暗殺しようとしたことで知られる。彼の事跡に取材した『燕丹子』は歴史書の『史記』と違って、烏の頭が白くなり、馬に角が生えれば帰国を許すと秦王に言われた丹が天に祈ると、そのとおりになったなど怪異譚に満ちている。四庫館臣はこの本をわざわざ輯佚したが、本文を欠く存目書に入れた。怪異を排する社会通念や『四庫全書』編纂の方針に、これはよる。そういった排除の一方で、発表の場を失った輯佚の原稿を、紀昀は新進の官僚に託した。この原稿によって、『燕丹子』の輯本は出版される（『問経堂《もんけいどう》叢書』本『燕丹子』巻首の孫星衍《そんせいえん》「燕丹子叙」）。

現実離れした物語を荒唐無稽と断じることとその種の作品を世に出すことが、紀昀においては両立していた。公私で立場が異なるといえば、それまでであろう。だが、「小説」を軽んじる因習から、彼は比較的自由であった。彼が学術書を著さず、後に物語の収集に努めた背景には、経部が頂点で子部などは下位という観念に囚われない思考があったのではないか。多様な知を含む『四庫全書』に長く携わったことが、逆に四部の枠組みを相対化させたものか。これとは別に、伝統的な目録学が近代における知識の広範な普及と通じるかに思える点がある。

「書目答問略例」［この編は若者を対象に作ったものであり、著作ではない。全国の知者が目にされたならば、これを補正していただきたい］：学問を好む書生が、やって来てどんな書物を読むべきか、どんな本がその書物に関してよい（テクストな）のかと尋ねた。全て挙げようにも漏れ落ちの恐れがあり、楽しみと学問でも、（よるべき本は）それぞれ等しくない。そこでこの書目をもって初学者に告げる。（張之洞《ちょうしどう》『書目答問』巻首）

張之洞（一八三七～一九〇九）は清代末期の高官、その『書目答問』（一八七五年完成）は当時から中華民国期にかけて流行した書目である。およそ中国古典学の基本書を扱った同書だが、張之洞は読者として対象とするのは「若者」、「初学者」だと述べる。ここで我々は自明だが忘れられやすい事柄に立ち戻らざるを得ない。書目とは書籍の集合に秩序を与え、どこにどのような本があるかを示すもので、それは前近代中国でも同じだということに。

その意味で「目録」とは学問を修める者のガイドブックであり、「目録学」とは「漢籍を知る手引き」に他ならない。『書目答問』は初学者に古典学を修めるために読むべき本を示すことを想定して編まれた。実のところ、『四庫全書総目提要』にも、類似の機能があった。四庫館臣がそう意識したかさておき、解題を備える点はその有用性を高めるものだった。

第一節の略年表に示した他に、『四庫全書総目提要』は日本でいう明治以降、戦前期に単なる再版を含めて、一〇度も刊行されている（一八六八、一八八四、一八八八、一八九四、一八九九、一九一〇、一九二六、一九三〇、一九三一、一九三三）。同書と並行して作られた簡略版の『四庫全書簡明目録』も度々再刊された。この事実はそれらに需要があったこと、また『四庫全書』が前近代の中国文化を総括した体系として有用であり続けたことの表れであろう。

身の程知らずの若造だったので、ふらふらと著述の志を起こした。一四歳で、「孔子弟子年表」を作り、（明代の文献）『郁離子《いくりし》』を読んだ、それを気に入り、そのスタイルに倣って数万字の書を著した。一六歳で（春秋時代の呉・越両国の争いを描く）『呉越春秋』に注を付けたが、しかし学問のことが、本当はまだ分かっていなかった。張之洞『書目答問』を読んで、その博大さに驚き、茫然として拠り所を失い、学問の入り口が分からなくなった。その（同じ張之洞の）『輶軒語《ゆうけんご》』に「いま諸君のためによい先生を示そう、『四庫全書提要』を一度読みたまえ、それで学問への道筋が概ね分かる」とあるのを読むに至って、思わず喜びに躍り上がって、「世の中に果たしてそんな本があるのか」と思った。折々亡父に頼んで、そうであるわけを語ってもらい、心に喜んでその書を思い望み、かくて買い求めて読みたいと日々考えた。光緒二十六年（一九〇〇）、（私は数えで）一七歳だったが、亡父は長沙（現湖南省）で勤務され、初めてこれを買うことができ、大いに喜び、日夜それを読んで飽きなかった。

余嘉錫氏の『四庫提要弁証』（注七）巻首「自序」の一部を挙げた。『輶軒語』（一八七五年完成）は、初学者に向けて学問の方法、また仕官への道を説く文献である。後に古典学で大きな成果を上げることになる余氏の学問も、『四庫全書総目提要』を読むことから始まった。

欽定四庫全書總目巻一

經部總敘

經禀聖裁垂型萬世刪定之旨如日中天無所容其贊述所論次者詁經之說而已自漢京以後垂二千年儒者沿波學凡六變其初專門授受遞禀師承非惟詁訓相傳莫敢同異卽篇章字句亦恪守所聞其學篤實謹嚴及其弊也拘王弼王肅稍持異議流風所扇或信或疑越孔賈啖趙以及北宋孫復劉敞等各自論說不相統攝及其弊也雜

欽定四庫全書總目　卷一　經部

1899年刊『四庫全書総目提要』

何を読む（べき）か、どの本は書物（知識）の世界でどういった位置を占めるか。分類と解題は、この問いに答えを与えるものである。四部分類の時代が終わるなど、形は変わっても、それらは知識の効率的な取得に欠かすことができない。それらが形作る目録も、書物が知識の主な媒体であり続ける限り、知の体系に分け入る手段としての価値を失わない。書目が時代の文化を反映する鏡となる所以である。様々な限界はあるにせよ、ここで扱った『四庫全書』は、その意味で目録学の総決算、前近代中国文化の集大成といえよう。

注

（1）余嘉錫著、古勝隆一・嘉瀬達男・内山直樹訳注『目録学発微—中国文献分類法』（平凡社東洋文庫、二〇一三年）一四〜三三頁、原書は一九六三年刊。

（2）『四庫全書』をめぐる各種事象や『永楽大典』との関係について、近年の論著では高橋智『書誌学のすすめ—中国の愛書文化に学ぶ』（東方書店東方選書、二〇一〇年）九六〜一一〇、一四七〜一五〇、一八二〜一九四頁が参考になる。

（3）二部作成されたうち一部は文源閣本『四庫全書』と共に失われたが、現存するもう一部は影印本が出版されている。吾妻重二「『続修四庫全書』と四庫関連書」（『宋代思想の研究—儒教・道教・仏教をめぐる考察』関西大学東西学術研究所研究叢刊、二〇〇九年、初出二〇〇四年）参照。

（4）『景印文淵閣四庫全書』（台湾商務印書館、一九八六年）、四庫全書出版工作委員会編『文津閣四庫全書』（商務印書館、二〇〇六年）、宋衛平・徐海栄主編『文瀾閣四庫全書』（杭州出版社、二〇一五年）。

（5）大庭脩『江戸時代における中国文化受容の研究』（同朋舎出版、一九八四年）一七七〜一八二頁、芳村弘道「『乾隆四庫全書無板本』所収『江湖集』の鮑廷博校宋本識語について」（『立命館文学』第六三〇号、二〇一三年）。

（6）『四庫全書珍本』初集（上海商務印書館、一九三四年）に続いて、同二集から十二集・別集までが、一九七一年から一九八二年にかけて台湾商務印書館より刊行された。『四庫全書』のうち、一八七八種の影印が収められる。

（7）　余嘉錫『四庫提要弁証』（科学出版社、一九五八年）。

（8）『吉川幸次郎講演集』（筑摩書房、一九九六年）四六六頁。

参考文献（日本で戦後に出版された書籍に限る）

【『四庫全書総目提要』の現代日本語訳（部分訳）】

土曜談話会編『四庫提要訳注』経一、同史一、同子一、同集一（土曜談話会、一九六六年）

土曜談話会四庫全書総目叙編集委員会編集『四庫全書総目提要叙訳注』（同右）経部、集部：一九七二年、史部、子部：一九七三年

近藤光男『四庫全書総目提要唐詩集の研究』（研文出版、一九八四年）

筧文生・野村鮎子『四庫提要北宋五十家研究』（汲古書院、二〇〇〇年）

同右『四庫提要南宋五十家研究』（同右、二〇〇六年）

同右『四庫提要宋代総集研究』（同右、二〇一三年）

【清朝考証学を主題とする研究書】（個別の考証学者に関する著作は除く）

梁啓超著、小野和子訳注『清代学術概論—中国のルネッサンス』（平凡社東洋文庫、一九七四年）

近藤光男『清朝考證學の研究』（研文出版、一九八七年）

濱口富士雄『清代考拠学の思想史的研究』（国書刊行会、一九九四年）

木下鉄矢『「清朝考証学」とその時代―清代の思想』（創文社中国学芸叢書、一九九六年）
吉田純『清朝考証学の群像』（創文社東洋学叢書、二〇〇六年）
エルマン（Benjamin A. Elman）著、馬淵昌也・林文孝・本間次彦・吉田純訳『哲学から文献学へ　後期帝政中国における社会と知の変動』（知泉書館、二〇一四年）
木下鉄矢『清代学術と言語学―古音学の思想と系譜』（勉誠出版、二〇一六年）

＊『四庫全書総目提要』の本文
次のサイトで全文の閲覧・検索が可能：
全国漢籍データベース　四庫提要
http://kanji.zinbun.kyoto-u.ac.jp/db-machine/ShikoTeiyo/

附録　漢籍目録の参考文献

古勝 隆一

歴代の書目

・楊家駱主編『新校漢書藝文志　新校隋書経籍志』、世界書局、一九六三年
最も基本的な漢籍目録、『漢書』藝文志と『隋書』経籍志とをあわせた便利な本。索引もついている。
・興膳宏、川合康三『隋書経籍志詳攷』、汲古書院、一九九五年
『隋書』経籍志に関する、目下、最も詳しい注釈書。『隋書』経籍志には、学術と書物の歴史を記述した「序」がついているが、それも日本語訳されているので有益。
・藤原佐世『日本国見在書目録—宮内庁書陵部所蔵室生寺本』、名著刊行会、一九九六年
平安時代の漢籍目録、『日本国見在書目録』は、日本への漢籍移入を考えるうえで最重要の書目で、その古写本の影印。
・小長谷恵吉『日本国見在書目録解説稿』、小宮山書店、一九五六年

『日本国見在書目録』の詳しい解説。目録の注釈はない。

・矢島玄亮『日本国見在書目録—集証と研究』、汲古書院、一九八四年
『日本国見在書目録』の注釈書。目録に載るそれぞれの漢籍がどのように日本で受容されたか、おおむね分かる。

・孫猛『日本国見在書目録詳考』、上海古籍出版社、二〇一五年
新たに出版された、『日本国見在書目録』の詳細な注釈。

・楊家駱編『唐書経籍藝文合志』、世界書局、一九六三年
唐朝の蔵書を記録する『旧唐書』経籍志と『新唐書』藝文志とをあわせて整理した本。両者を対照させていて便利。

・[宋]鄭樵撰、王樹民点校『通志二十略』、中華書局、一九九五年
宋代の学者、鄭樵（一一〇四—一一六二）が書いた制度史の書物、『通志』の一部を抜粋して整理したもの。目録学に関わりの深い、「藝文略」「校讐略」「図譜略」「金石略」を含む。

・[宋]晁公武撰、孫猛校証『郡斎読書志校証』、上海古籍出版社、一九九〇年
宋代の蔵書家、晁公武（一一〇五—一一八〇）の蔵書書目、『郡斎読書志』を整理したもの。

・[宋]陳振孫『直斎書録解題』、上海古籍出版社、一九八七年
宋代の蔵書家、陳振孫（一一七九—一二六二）の蔵書書目、『直斎書録解題』を整理したもの。

- [清] 黄虞稷撰、瞿鳳起、潘景鄭整理『千頃堂書目』、上海古籍出版社、一九九〇年
  黄虞稷（一六二九―一六九一）『明史藝文志』稿を基礎とした、「明一代の著作」の書目。
- 『四庫全書総目』、中華書局、一九六五年
  中国目録学の金字塔、『四庫全書総目』（『四庫全書提要』『四庫全書総目提要』などともいう）の影印本。「浙本」と呼ばれる版本が底本。
- 四庫全書研究所整理『欽定四庫全書総目―整理本』、中華書局、一九九七年
  横書き簡体字ながら、標点だけでなく、注もついており、通覧に便利。
- [清] 永瑢等『四庫全書簡明目録』、上海古籍出版社、一九八五年
  『四庫全書総目』を簡略にした目録。簡単に確認するにはたいへん便利。
- 邵懿辰撰、邵章続録『増訂四庫簡明目録標注』、上海古籍出版社、一九七九年
- [清] 張之洞撰、范希曾編、瞿鳳起校点『書目答問補正』、上海古籍出版社、一九八三年
  張之洞（一八三七―一九〇九）・繆荃孫（一八四四―一九一九）が編纂した『書目答問』は、学習者に必要な書物と、その代表的な版本を紹介した書目。一九世紀末においては実用的なブック・ガイドであった。「補正」も有益。
- [清] 莫友芝撰、傅増湘訂補『邵亭知見伝本書目』、中華書局、一九九三年
  蔵書家の莫友芝（一八一一―一八七一）が、自分の実見した版本やその他の情報を『四庫全

書簡明目録』に書き入れたもの。さらに傅増湘が訂補を加え、完備したものとなっている。
・傅増湘『蔵園群書経眼録』、中華書局、一九八三年
蔵書家の傅増湘（一八七二―一九四九）が、実見した版本の詳細を書き留めた目録。
・傅増湘『蔵園群書題記』、上海古籍出版社、一九八九年
傅増湘が貴重な本を読むごとに書いた跋文を集めたもの。

蔵書目録等

・『北京図書館古籍善本書目』、書目文献出版社、一九八七年
・『中国古籍善本書目』、上海古籍出版社、一九八六年
・『国立中央図書館善本書目』（増訂二版）、国立中央図書館、一九八六年
・『国立故宮博物院善本旧籍総目』、国立故宮博物院、一九八三年
・王重民『中国善本書提要』、上海古籍出版社、一九八三年
・阿部隆一『中国訪書志』、汲古書院、一九八三年（増訂版）
・『北京大学図書館蔵古籍善本書目』、北京大学出版社、一九九九年
・『静嘉堂文庫漢籍分類目録』、静嘉堂文庫、一九三〇―一九五一年

- 『尊経閣文庫漢籍分類目録』、侯爵前田家尊経閣、一九三四―一九三五年
- 『東方文化学院京都研究所漢籍目録』、東方文化学院京都研究所、一九三八年
- 『東方文化研究所漢籍分類目録―附書名人名通検』、京都印書館、一九四五年
- 『京都大学人文科学研究所漢籍分類目録』、人文科学研究協会、一九六三―一九六五年
- 『京都大学人文科学研究所漢籍目録』、同朋舎出版、一九八一年
- 『東洋文庫所蔵漢籍分類目録』、東洋文庫、一九七八―一九九三年
- 『内閣文庫漢籍分類目録』（改訂版）、内閣文庫、一九七一年
- 『東京大学東洋文化研究所漢籍分類目録』、汲古書院、一九八一年

- 『阿部隆一遺稿集』第一巻、汲古書院、一九九三年
　「宋元版所在目録」と「本邦現存漢籍古写本類所在略目録」とを収録する。
- 長澤規矩也著、長澤孝三編『和刻本漢籍分類目録』、汲古書院、二〇〇六年（増補補正版）
- 孫殿起『販書偶記』、上海古籍出版社、一九八二年
- 孫殿起『販書偶記 続編』、上海古籍出版社、一九八〇年
　上記の両書は、北京で書店を経営していた孫殿起（一八九四―一九五八）が取り扱った版本の目録。近代初期に実際に流通していた本を知る上で重宝。

・上海図書館編『中国叢書綜録』、上海古籍出版社、一九八六年
叢書とは、複数の書物をまとめて刊行したもの。この叢書をうまく使いこなせば、かなり広く漢籍に目配りすることができる。本書は叢書を調べるための第一の手引。

目録書の目録

・来新夏主編『清代目録提要』、斉魯書社、一九九七年
清代、文献学の発展にともない、多くの書目が作られた。本書はそういった清代の目録への手引き。

・長澤規矩也『支那書籍解題—書目書誌之部』、文求堂書店、一九四〇年
中国の書目、数百点について簡単に解説し、代表的な伝本を紹介している。中国語版もある（梅憲華、郭宝林訳『中国版本目録学書籍解題』、書目文献出版社、一九九〇年）。

目録の叢書など

・王道栄輯『書目叢編』『続編』『三編』『四編』『五編』、広文書局、一九六七—一九七二年
全二〇五冊の大シリーズ。主要な書目が網羅的に影印されている。

・長澤規矩也、阿部隆一編『日本書目大成』、汲古書院、一九七九年

全四冊。『通憲入道蔵書目録』等、日本の書目の影印。

・許逸民、常振国編『中国歴代書目叢刊』現代出版社、一九八七年

上下二冊。『崇文総目』、二種の『郡斎読書志』、『遂初堂書目』などが影印されていて便利。

・『清人書目題跋叢刊』中華書局、一九九〇—一九九五年

『皕宋楼蔵書志』『黄丕烈書目題跋』『天禄琳琅書目』等、清朝の書目を影印で収める。

・『中国歴代書目題跋叢書』上海古籍出版社、二〇〇五年—

現在、第四期刊行中の大規模なシリーズ。一流の学者による整理本。『汲古閣書跋』『文選楼蔵書記』等を収める。このシリーズではじめて整理されたものもある。

・『書目題跋叢書』中華書局、二〇〇八—二〇一三年

『儀顧堂書目題跋彙編』などを収める。

目録学概説など（邦文のもののみ）

・狩野直喜『漢文研究法』、みすず書房、一九七九年

本書に収める「漢文研究法」という講演録は、目録学についてかなり詳しい説明を加えている。

・内藤湖南『支那史学史』、平凡社、一九九二年（東洋文庫五五七、五五九）

中国史学史の名著。第四章「史書の淵源」、第九章「宋代に於ける史学の進展」、附録「章学誠の史学」などは、目録学と特に関係が深い。

・倉石武四郎『目録学』、汲古書院、一九七九年（東洋学文献センター叢刊影印版一）

漢代から清代まで二千年にわたる書目編纂と目録学理論を時代順に追った目録学史。必要な情報がかなり詳しく書かれており、また索引も附されていて参照しやすい。

・吉川幸次郎「言葉の学問と事柄の学問」、『吉川幸次郎講演集』、筑摩書房、一九九六年

・川勝義雄『史学論集』、朝日新聞社、一九七三年（中国文明選一二）

「太史公自序」と「文史通義」の訳注が、大いに参考になる。

・増井経夫『中国史―そのしたたかな軌跡』、三省堂、一九八一年

第四章「総合する力と分類する力」に、目録学及び類書に関する記述がある。

・清水茂『中国目録学』、筑摩書房、一九九一年

他の目録学概説が、分類の説明に傾く中、本書は、中国における書物の誕生や、書写材料・印刷術などにまで目配りして立体的な説明をしている。

・井波陵一『知の座標―中国目録学』、白帝社、二〇〇三年（白帝社アジア史選書二）

京都大学人文科学研究所の漢籍目録の分類について詳細な説明があり、読み物として通読できる。

・余嘉錫著、古勝隆一、嘉瀬達男、内山直樹訳注『古書通例―中国文献学入門』、平凡社、二〇〇八年（東洋文庫七七五）

民国時代の目録学者、余嘉錫（一八八四―一九五六）の講義録。目録学を読書に活用する方法が明らかにされている。

・井波陵一「六部から四部へ―分類法の変化が意味するもの」、冨谷至編『漢字の中国文化』、昭和堂、二〇〇九年

漢代の六部分類が、歴史の展開にともない、なぜ南北朝の四部分類へと変貌を遂げたのか、学術史に即して論じられている。

・余嘉錫著、古勝隆一、嘉瀬達男、内山直樹訳注『目録学発微―中国文献分類法』、平凡社、二〇一三年（東洋文庫八三七）

これも余嘉錫の講義録。日本語で読めるものとしては、相当詳しい目録学の概説。

・内山知也『漢籍解題事典』、明治書院、二〇一三年（「新釈漢文大系」別巻）

日本人にも馴染みのある、七〇〇種ほどの漢籍の解題。解題としては、体例に厳密さを欠く。

主要論文（邦文で書かれたもののみ）

・島田重礼「目録の書と史学との関係」、『史学雑誌』第三九号、一八九三年
近代日本で初めて書かれた目録学の紹介。島田氏は狩野直喜の師であり、狩野氏の目録学重視を導いた学者と言える。
・内藤湖南「支那目録学」、『内藤湖南全集』巻一二、筑摩書房、一九七〇年
日本語で読める目録学史概説の原点。一九二六年、京都帝国大学において講義したもの。
・狩野直喜「日本国見在書目録に就いて」、『支那学文藪』、みすず書房、一九七三年
『日本国見在書目録』の成立事情に関する考証には検討の余地があるが、目録が学術をどのように反映するのか、具体的に読み解いている。「青空文庫」にあり。
・内藤戊申「鄭樵の史論に就て」、『東洋史研究』第二巻一号、一九三六年
中国史学史における、宋の鄭樵の位置について、内藤湖南を踏まえつつ概説したもの。無料の pdf 版あり。
・倉田淳之助「東方文化研究所漢籍分類目録解説」、『東方学報 京都』第一四冊、一九四三年
倉田氏が中心となって編纂した『東方文化研究所漢籍分類目録』が一九四三年三月に完成したことにちなみ、この分類の詳細を解説したもの。
・倉田淳之助「四部分類の伝統」、『東洋史研究』第八巻四号、一九四三年
劉向・劉歆父子の図書整理事業について考察を加え、また四部分類の成立過程についても

説明し、その上で『東方文化研究所漢籍分類目録』の特徴を語る。無料の pdf 版あり。

・勝村哲也「目録学」、『アジア歴史研究入門』第三巻、同朋舎、一九八三年

漢籍を読む際に留意すべき点につき、目録学を応用して説明したもの。

・戸川芳郎「四部分類と史籍」、『東方学』第八四輯、一九九二年

「史部」という分類は、漢代にはないものであったが、学術が変化して徐々に史籍が多く作られることにより、新たな部が創出された。そのダイナミズムを論じたもの。

・井上進「『千頃堂書目』と『明史芸文志』稿」、『東洋史研究』第五七巻二号、一九九八年

黄虞稷『明史藝文志』稿が先にあり、それを杭世駿が補訂して『千頃堂書目』とした、という考証。無料の pdf 版あり。

・井上進「四部分類の成立」、『名古屋大学文学部研究論集』史学四五、一九九九年

魏晋南北朝時代における、四部分類の成立過程を詳しく論じたもの。

・金文京「中国目録学史上における子部の意義―六朝期目録の再検討」、『斯道文庫論集』第三三輯、一九九九年

子部を軸としてとらえた、目録学史の総括と呼べる論考。また六部分類から四部分類に至る分類の変化は、直線的なものでなく、南北朝から隋にかけて著された目録に『七略』を意識したものがあったことを指摘する。無料の pdf 版あり。

・宇佐美文理「雑家類小考」、『中国思想史研究』第二五輯、二〇〇二年
　目録上において、複雑な意味を持つ、「雑家」についての考察。
・内山直樹「『七略』の体系性をめぐる一考察」、『千葉大学人文研究』第三九号、二〇一〇年
　『七略』の分類は体系的であると一般に言われるが、詩譜略など、必ずしも完全ではない部分に着目し、当時の学術状況と目録との関連を探った論考。無料の pdf 版あり。
・宇佐美文理「術数類小考」、『陰陽五行のサイエンス　思想編』、京都大学人文科学研究所、二〇一一年
　学問と技術の関係の中で「術数類」を論じたもの。
・原田信「鄭樵『図譜略』の著述意図について」、『早稲田大学大学院文学研究科紀要』第二分冊、第五八輯、二〇一三年
　鄭樵『通志』の一篇、「図譜略」は、書物における図の意義を主張したが、これは鄭樵の意図を論じた論文。無料の pdf 版あり。
・文教大学目録学研究会訳「章学誠『校讎通義』訳注」(一)〜(五)、『文学部紀要』(文教大学二六―二、二七―一、二七―二、二八―一、二八―二、二〇一三―二〇一五年
　章学誠『校讎通義』の訳注。無料の pdf 版あり。

《執筆者》
古勝　隆一（こがちりゅういち）　1970年生まれ　京都大学人文科学研究所准教授　中国古典学
宇佐美文理（うさみぶんり）　1959年生まれ　京都大学大学院文学研究科教授　中国哲学史
永田　知之（ながたともゆき）　1975年生まれ　京都大学人文科学研究所准教授　中国文学

京大人文研漢籍セミナー6
目録学に親しむ　漢籍を知る手引き
二〇一七年三月一〇日第一版第一刷印刷
二〇一七年三月一八日第一版第一刷発行
定価［本体一五〇〇円＋税］
編　者　京都大学人文科学研究所附属東アジア人文情報学研究センター
発行者　山　本　實
発行所　研文出版（山本書店出版部）
〒101－0051
東京都千代田区神田神保町二－七
TEL　03（3261）9337
FAX　03（3261）6276
印刷・製本　モリモト印刷
ISBN978-4-87636-420-6

京大人文研漢籍セミナー シリーズ

古いけれども古びない
歴史があるから新しい

1 漢籍はおもしろい　1800円
総説　漢籍の時空と魅力　武田時昌
錯誤と漢籍　冨谷　至
漢語仏典―その初期の成立状況をめぐって　船山　徹
使えない字―諱《いみな》と漢籍　井波陵一

2 三国鼎立から統一へ―史書と碑文をあわせ読む　1500円
魏・蜀・呉の正統論　宮宅　潔
漢から魏へ―上尊号碑　井波陵一
魏から晋へ―王基碑　藤井律之

3 清華の三巨頭　1800円
王国維―過去に希望の火花をかきたてる　井波陵一
陳寅恪―〝教授の教授〟その生き方　古勝隆一
趙元任―見えざることばを描き出す　池田　巧

4 木簡と中国古代　1600円
中国西北出土木簡概説　冨谷　至
漢代辺境出土文書にみえる年中行事―夏至と臘　目黒杏子
木札が行政文書となるとき―木簡文書のオーソライズ　土口史記

5 清　玩―文人のまなざし　1900円
古鏡清玩―宋明代の文人と青柳種信　岡村秀典
李漁の「モノ」がたり―『閒情偶寄』居室・器玩部より　髙井たかね
利他と慈悲のかたち―松本文三郎の仏教美術観　稲本泰生

6 目録学に親しむ―漢語を知る手引　1500円
目録学―俯瞰の楽しみ　古勝隆一
子部の分類について　宇佐美文理
目録学の総決算―『四庫全書』をめぐって　永田知之
附録　漢籍目録の参考文献　古勝隆一

〈以下続刊〉

＊表示は本体価格です。